언해본 | 한문 교재본

선가귀감

청허당 휴정 지음
일장 옮김

불광출판사

언해본 · 한문 교재본

선가귀감

禪家龜鑑

● 머리말

　제방종문(諸方宗門)에서 승속(僧俗)을 막론하고 수행안목(修行眼目)과 정로(正路)의 지침으로 이 선가귀감을 꼽는 데 주저할 분이 없을 것입니다.
　서산 스님은 불조(佛祖)의 서래정맥(西來正脈)을 직전(直傳)하신 조사스님일 뿐 아니라, 종지(宗旨)와 안목(眼目)과 법력(法力)이 두루 우뚝한 산맥과도 같으신 우리나라, 우리 선대(先代)의 선지식(善知識)이기 때문입니다.
　아시다시피 이 선가귀감은 정맥(正脈)을 찾아 짚어 나가듯 산재(散在)한 경전 어록들 가운데서 그 요점(要點)만을 간추려 간명직절(簡明直截)한 필치와 설명으로 교학(敎學)과 선수행(禪修行) 원리, 또 그 관계를 분명하게 파악할 수 있도록 하여 주었고, 그 같은 바탕 위에 결정되어진 신심(信心)으로 올바른 수행 길을 열어 갈 수 있도록 친절하고 명쾌하게 우리 후학들을 이끄는 지침역할을 해 주고 있습니다.
　이 책은 이미 현대문으로 잘 번역된 좋은 본(本)들이 시중(市中)에 많이 나와 있습니다만 아무래도 필요한 때 교재(敎材)로 사용해도 좋을 한문본 교본(敎本)이 한 권쯤은 있어야 하겠기로 먼저 그 이해를 돕기 위해 간단한 해설과 함께 부휴 선사의 언해본을 현대문으로 번안하여 앞에다 싣고, 이어 교재용으로 사용하기 위해 묘향사판 한문본을 현대인에 익숙한 가로쓰기 체재(體裁)로 편집하여 뒤에다 실었습니다.

한문 교재본의 사이사이 간단한 주해(註解)는 저의 은사(恩師)이신 동산(東山) 큰스님께서 손때 묻은 당신의 소책(小冊)에 손수 기록해 놓으신 주기(註記)를 쓰여 진 그대로 다시 옮겨 토를 달아 정리하고 부족한 출처 몇 곳을 다시 찾아 첨가해 본 것입니다. 이 책을 공부하는 분이나 관심을 둔 분들께 적잖은 참고가 되리라 믿습니다.

그리고 화두선의 방법과 지침에 절실한 도움이 될 것 같은 지철선사의 선종결의집(禪宗決疑集)을 부록으로 번역과 함께 덧붙였는데, 이는 제가 30여 년 전 송광사에서 한철 절 기도를 하며 지날 때 틈틈이 베껴 썼던 것으로 이미 연관 스님께서 좋은 번역으로 출간하신 바가 있으나 고맙게도 스님께서 탁마(琢磨)의 정으로 덧붙임을 허락해 주셨습니다. 그러나 해놓고 보니 스님의 번역은 아시다시피 간결직절로 깔끔하신 데 비해 저는 쓸데없는 연문(衍文)만 너절하게 더 늘어놓은 것 같아 심히 부끄러움을 감출 수가 없습니다.

부디 제방선덕님들의 엄한 질책을 기다리오며 그러나 오직 원컨대 아무쪼록 이 한 권의 소책자가 오늘 날처럼 참구선(參究禪)의 정체성이 더욱 절실한 때, 일대사(一大事)에 뜻을 둔 모든 분들의 수행에 소중한 초석(礎石)이 되고 용기가 되며, 낭중(囊中)의 도반으로 밝은 길잡이가 되었으면 하는 바램입니다.

불기 2549년 을유 정월 해제후
황매암에서 목부행자(牧夫行者) 일장(日藏) 계수화남(稽首和南)

● 차례

● 머리말 … 2

선가귀감 – 언해본
● 해설 … 9

선가귀감 (상권) … 17
선가귀감 (하권) … 65

선가귀감 – 한문 교재본 … 121

● 부록
선종결의집 … 169
● 조사예참겸발원 … 233

언해본 선가귀감

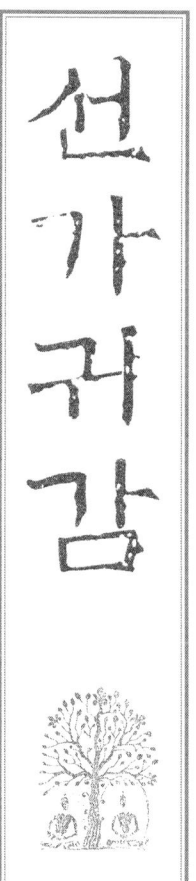

•해설

선은 부처님의 마음, 교는 부처님의 말씀

　선가귀감은 서산 대사 청허(淸虛) 스님께서 후학들에게 올바른 수행의 길을 제시(提示), 인도(引導)해 주기 위하여 50여 종류의 경론과 조사의 어록에서 요긴한 대목을 간추리고 군데군데 설명과 송구(頌句) 평석(評釋) 등을 곁들여 완성한 저술이다.
　당시 우리나라 불교는 '견성성불을 위한 수행'이라는 대명제 아래 절차와 방법상 전통적인 교학의 체계와 중국에서 널리 전파되어온 실수(實修)로서의 선법(禪法)이 서로 혼합 대립양상을 보임으로써 수행의 개념과 본질의 견해상 혼란이 극심하였던 때였다. 선사께서는 이러한 오류들을 바로잡고 불법의 본질과 그에 따른 수행의 지침을 정리하여 후학들로 하여금 망견(妄見)의 분별심을 쉬고 올바른 안목(眼目)으로 수행의 경로(徑路)를 찾아들 수 있도록 하려는 노파심의 배려에서 이 책을 저술하신 것이다.
　선사께서는 이 책에서 교와 선의 의미를 한마디로 "선은 부처의 마음이고 교는 부처의 말씀이다."라고 규정짓고, "말 없음으로 말 없는 데 이르는 것은 선이고, 말로써 말 없는 데 이르는 것은 교다.

따라서 마음은 선법이고 말은 교법인 것이다." 하여 선과 교의 독특한 차이점을 밝힌 바 있다. 또 다른 저술 『선교결(禪敎訣)』이나 『선교석(禪敎釋)』 등에서도 선교(禪敎)의 독특한 종지체계(宗旨體系)를 일관되게 밝히고 있거니와, 이 논지(論旨)들로 해서 스님께서 단순히 선·교의 우열(優劣)을 논한 것으로 곡해(曲解)를 부르기도 하였다.

 그러나 본체(本體)로서 무성(無性)인 자성의 근본을 드러내기 위해 '선은 부처의 마음'이라 하였고, 자성(自性)의 진상(眞相)에서 표현되는 작용(作用)의 묘유(妙有)를 드러내기 위해 '교는 부처의 말'이라고 표현했던 것에 지나지 않는다. 이 본체와 작용은 제법(諸法)의 실상(實相)으로 필연코 상의상성(相依相成)하는 이(理)·사(事)의 특질적인 관계일 뿐인데, 그것에 우열이나 선후의 분별적인 차이가 어디 있겠는가?

 다만 선(禪)이 일체 사량분별을 척파하여 도무지 혀나 발을 붙일 곳을 용납지 않는 데 반하여, 교(敎)는 언어(言語)로 앞뒤 차례를 나누어 설명할 것이 있고 따라서 분별이해하여 가는 과정도 있는지라 지나치게 의존하고 국집함에 빠지기 쉽기 때문에 이를 경계하여 어디까지나 지월지수(指月之手)의 본뜻을 깨우쳐 주기 위한 것이다. 아무리 약방문이 친철하다 하나 약방문의 종류나 내용만을 끝없이 헤아리고 있는 것(思量分別)만으로는 결코 병이 치유될 수가 없기 때문이다. 그래서 먼저 가르침(敎)에 의지해 미혹의 원인과 취향해 나아가야 할 갈래를 분명히 납득하고 난 뒤, 스스로의 올바른 안목으로 반조자성(返照自性)하여 실천수행에 나아갈 것을 강조하신 바, 이것이 수행하는 이가 헤매지 않고 올바르게 걸어야 할 필연적인 과정으로 제시한 사교입선(捨敎入禪)의 근본취지인 것이다.

불교는 단순히 믿고 의지하는 신앙(信仰)만을 요구하는 종교가 아니다. 믿는 바대로 실제로 실천궁행하여 나약하고 소극적이고 분별집착을 일삼는 전도(顚倒)된 우리들의 망견(妄見)을 혁파하고, 수처작주(隨處作主) 입처개진(立處皆眞)한 대장부로서의 훤칠한 길을 스스로 열어 본래 원만무결한 자성을 회복해 가짐으로써 현실을 영원한 정토로 장엄해 가려는 데 그 의미와 사명이 있는 것이다. 그래서 불교는 단순한 신앙을 요하는 종교라기보다는 특히 일상(日常)의 반조(返照)와 신행(信行)을 강조하는 수행의 종교이다.

수행의 '수(修)'란 '닦다'라는 뜻으로 비뚤어지고 잘못된 것을 '고치고 바루는' 그래서 수정(修正), 또는 수리(修理) 등의 의미가 담겨있다면, 매양 때묻기 쉽고 물들기 쉽고 집착하기 일쑤인 우리들 중생의 업연(業緣)은 누구의 어떤 경우를 막론하고 평소 세밀하게 자신의 모습을 되돌아보고(反照) 반성(反省)하는 수행에 힘씀으로써 끊임없이 새롭게 거듭나는 향상(向上)의 삶을 기약할 수 있는 것이다. 그런 의미에서 이 선가귀감은 우리들에게 어떠한 수행의 지침서보다도 더욱 절실한 그야말로 위대한 선지식이요, 길잡이요, 명실공히 귀감(龜鑑)인 것이다.

이 책의 체재를 굳이 나눈다면 원리론(原理論, 일물로써 자성의 이치를 밝힘), 불조론(佛祖論, 불조의 공덕), 선교론(禪敎論, 선과 교의 특징과 갈래를 논함), 방법론(方法論, 공부 방법과 화두, 수행자의 마음가짐, 일상행동 등 만행을 열거함), 결론(結論, 다시 근본원리에 귀착하여 끝을 맺음) 등의 다섯 부분으로 나누어 볼 수 있다. 스님께서 1564년(명종 19년)에 한문으로 쓰셨던 원고가 5년 뒤인 69년에 누구의 손으로 언해(諺解)되었는지 명확하지 않으나 최초 언해본으로 발간된 바 있으며, 그 뒤 79년(선조 12년)에 서산 스님의 서문(序文)과 사명당 유정의 발문(跋文)이 첨가되고 내용도 원본보다는 많이 간추려 체재가 정비된 형태의 순 한문본으로 묘향산에서 간행된 것이 지금 널리 유통되고 있는 본이다.

처음 발간된 언해본은 상하권으로 나뉘어져 있으며 중세 조선의 언문 자체의 문자나 문법에 혼란도 심하고 약간의 오자(誤字)도 있었던 것을 1610년(광해군 2년)에 부휴(浮休) 대사께서 낱낱이 교정(校正)하시어 초간본(初刊本)과 같은 체재로 다시 전라도에서 복각(復刻)한 바 있었으니, 이 판은 현재까지도 송광사에 잘 보존되어 있다.

사명본 발문에서 밝혔듯 처음 원고가 경론과 어록에서 요점만 골라 정리했다 하나 '배우는 이가 미욱하여 도리어 법문의 높고 어려운 것으로써 탈을 잡으므로' 다시 내용을 첨삭(添削)하고 본문(本文)과 주해(註解), 송(頌), 평(評) 등으로 체재를 정리, 한문완본으로 발간하게 되었는데, 초고(草稿)격인 언해본이 새삼 번거로이 뭐 필요하겠느냐 하겠지만 두 본(本)이 공히 스님께서 후학을 염려하여 정로(正路)를 제시해 주려한 의도는 내용상 다름이 없다. 다만 사명본이 보다 절제된 단락상의 세련미가 돋보이고 언해본은 나열식 초고로서의 원시성을 면할 수 없지만, 오히려 언해본은 처음 발현한 마음의 표현으로서 질박하고 내용이 긴 만큼 친절하며, 본문의 주해도 우리말 언해로 쓰고 있어서 친근감은 물론, 같은 낱말을 두고 당시와 오늘날의 어휘개념상의 차이점 등을 살필 수 있는 소중하기 이를 데 없는 보배로운 것이다.

　예컨대 '일물(一物)'을 요즘은 보통 '한 물건'이라 번역하여 통하거니와 이를 그 당시는 다만 '한 것'이라는 말로 조심스레 번안(翻案)했는가 하면 '각(覺), 오(悟), 요(了)' 등을 '알다, 알면'으로 '미(迷), 미오(迷悟), 불요(不了)' 등을 '모르다, 알지 못하면'으로 써서 요즘 일률적인 '깨닫다, 미하다'만으로 쓰는 것과는 어감(語感)상 전혀 새로운 느낌을 주고 있다.

　역자(譯者)는 국문학을 전공한 학도도 아니고 또 국문학자의 자세로 문자구성을 따지려는 데 목적이 있지도 않기 때문에 내용만을 살펴 옛글의 표현을 가능하면 글의 범주 안에서 현대어로 평이하게 옮겨 적은 것에 지나지 않는다. 학자의 안목으로 본다면 잘못 표현된 오류가 많겠지만 되도록 스님께서 전하고자 하는 내용을 살펴 따랐으므로 고문자(古文字)적인 해석의 시비는 별 의미가 없으리라 보기 때문이다. 따라서 이런 점은 전공학자들의 양해를 바라며 다만 스님께서 수행인을 위해 표현하고자 하셨던 간절한 뜻이 왜곡되지만 않았으면 천행(天幸)이겠다.

　대본은 부휴 스님이 교정해 복각출간(復刻出刊)하신 송광사 목판본이며, 본문의 일련번호는 원래 없는 것이나 단항(段行)의 참고에 편의를 기하기 위해 덧붙인 것이다. 또 언해본과 한문본이 내용의 앞뒤나 주해와 본문이 바뀌고 섞인 곳, 빠진 것 등이 많으나 다만 본문의 내용 중 사명본에 빠지고 없는 부분만 번호 앞에 '#'을 표시하여 참고하게 하였다.

　지난 94년 봄 목부원 강경회원(講經會員)들이 매주 하루씩 이 도량에 모여 참으로 신심(信心) 깊게 이 선가귀감을 공부한 바 있거니와 그 때 곁들여 참고하던 목판 언해본이 언해라 하나 옛 문자의 난삽(難澁)함에 내용을 쉽게 파악하기 어려운 아쉬움이 있었던지라, 평이한 현대문으로 옮겨 모두가 볼 수 있게 하였으면 하는 바람들에 힘입어 조금씩 정리하다 미루어 두었다.

그러나 마음의 발원이 결코 헛되지 않았던지 올해 초 다시 동도자(同道者)의 뛰어난 인연으로 도내(道內) 맑은 눈빛의 형형(炯炯)한 젊은 도반(道伴)스님들이 어렵사리 공부하는 모임을 갖기로 발원하여 처음 이 귀감(龜鑑)을 택하였으므로 드디어 용기를 내어 묵혀있던 노트를 꺼내 다시 정리 손질하여 이제야 빛을 보게 된 것이다.

'기한(飢寒)에 발도심(發道心)'이라는 조사스님의 경구(警句)도 있거니와 옛날에 비하여 상상하기 어려우리만치 의식(衣食)이 풍족해지고 각종 편의(便宜) 도구의 발달로 승속(僧俗)을 막론하고 자칫 편리한 일상의 호사(豪奢)에만 골몰하며 엄벙덤벙 세월만 녹이기 일쑤인 그야말로 '도가원혜업가심(道加遠兮業加深)' 할 이 말법(末法)에 이러한 인연은 그 얼마나 절실하고 고마운 정업(淨業)의 승연(勝緣)인지, 그저 삼보전에 엎드려 투지(投地)하며 오로지 감회가 무량할 뿐이다.

불기 2542년 무인년 봄
월인전사(月印田舍) 목부행자(牧夫行者) 일장(日藏) 삼가 쓰다.
-해설을 대신하여 '98년도 처음 간행 때의 서문을 그대로 씀

선가귀감

● 상권

禪家龜鑑 卷上

浮休大師 善修 講議 校勘
松廣寺藏諺解木版本(萬歷38年刊)

001

有一物於此호대 從本以來로 昭昭靈靈하야 不曾生不曾滅이라 名不得狀不得이로다

여기 '한 것'이 있는데 본래부터 밝고 신령하여 일찍이 나거나 멸한 적 없다. 이름 지을 수 없고 모양 그릴 수도 없다.

한 '것'이란 무엇인가? 'O', 옛사람은 이와 같이 원상으로 그려 보였거니와 그러나 보일 수 없는 것을 억지로 이렇게 표현해 보였을 뿐이다. 석가도 오히려 알지 못하였는데 가섭이 어찌 전할 수 있었겠는가. 유가(儒家)에서는 일태극(一太極)이라 하고 도가(道家)에서는 천하모(天下母)라 하며 불가(佛家)에서는 '일물(一物)'이라 한 것이 실은 다 이를 가리킨 것이다.

육조 스님이 이르시길 "여기 일물(一物)이 있어 위로는 하늘을 버티고 아래로는 땅을 받쳐 언제나 사람의 움직이고 쓰는 가운데 있으니 이것이 무엇인가?" 하자, 신회 선사가 대중 가운데서 나와 답하기를 "이것은 제불(諸佛)의 본원(本源)이며 신회의 불성(佛性)입니다." 하였다. 육조가 이에 꾸짖기를 "내가 일물(一物)이라 해도 맞지 않다 하였거늘 네 어찌 본원이니 불성이니 일부러 여러 이름을

지어 말하는가." 하였다. 신회 선사는 이와 같이 언어로 누설했기 때문에 결국 서자가 되고 말았다. 뒤에 회양 선사가 와서 육조에게 참례하매 묻기를 "어디서 왔는고?" 하자, "숭산(嵩山)에서 왔습니다.", "무엇이 이렇게 오던가?" 선사는 이 질문에 대답을 못하고 8년을 혼자 궁구하던 끝에 비로소 이르기를 "설사 한 물건이라 하여도 맞지 않습니다." 하였다. 회양 선사는 이와 같이 스스로 깨우쳐 긍정한 바 있기 때문에 육조의 적자가 된 것이다.

*본래부터라 한 것은 이것의 수명이 끝없어 과거가 시작함이 없기 때문이며, 밝고 신령하다는 것은 닦아 증득함을 빌리지 않아도 허령적묘(虛靈寂妙)하여 자연히 밝게 통한다는 말이다. 일찍이 나거나 멸한 적이 없다는 것은 범부와 외도는 생으로써 멸을 삼고 멸로써 생을 삼거니와 이 정법은 본래 생함이 없으므로 또한 멸함도 없어 상주불멸한 것이 허공이 본래 불생불멸한 것과 같은 것이다. 이름 짓지 못한다는 것은 어떤 말로도 표현할 수 없기 때문이고 모양 그릴 수 없다는 말은 어떤 모양으로도 나타내 보일 수 없음을 이른 말이다.

0 0 2

佛祖出世가 **無風起浪**이로다
부처와 조사가 세상에 출현하심이 마치 바람 없는 바다에 물결 일어남과 같다.

부처란 자성을 깨쳐 만덕(萬德)을 다 갖추신 분이요, 조사는 자성을 깨쳐 해행(解行)이 서로 응하는 분을 말한다. 온갖 사람마다 본래 갖추어 원만히 이루어져 있거늘 어찌 남이 연지 찍고 분 발라 주기를 기다리랴. 일물(一物)의 분상에서 본다면 불조가 세상에 나오신 일도 바람 없는 바다에 부질없이 물결 일어남과 같다

할 것이다.

　『허공장경(虛空藏經)』에 이르기를 "문자를 세우는 것도 곧 마업(魔業)이며 부처님의 말씀이라 할지라도 곧 마업이니 글이나 말을 다 떠나야 비로소 마의 작용도 쉴 것이다." 하였다. 그러므로 선사(先師)께서 이르기를 "한마디 이르는 것은 못할 바 아니나 부질없이 종이나 먹에 기록될까 그것이 두려울 뿐"이라 하였으니 곧 이를 두고 한 말씀이다. 위의 한 구절은 부처와 조사도 다 쳐버리고 법과 사람을 다 빼앗아 그대로 본태평소식(本泰平消息)을 드러낸 것이다.

003

然이나 **法有多義**하고 **人有多機**하니 **不妨施設**이로다
그러나 법에는 수많은 뜻이 있고 사람도 제각기 근기가 다르므로 (그에 따른 여러 가지 말로) 설명해 보일 수도 있는 것이다.

　법은 본마음 바탕으로 불변(不變)과 수연(隨緣)의 뜻이 있고 사람은 중생으로 돈오(頓悟)와 점수(漸修)의 근기가 제각기 다르다. 그러므로 문자와 말을 빌려 설명할 수밖에 없는 것이다.
　위에서는 본분의 자리를 논했으므로 불조라 해도 다 부질없지만 여기서는 처음 공부 길을 익혀 들어오는 이들을 논하는지라 불조의 큰 은혜를 새삼 느끼지 않을 수 없다. 중생이 비록 날 때부터 원만하게 갖추어져 모자랄 것이 없다하나 그러나 혜일(慧日)이 무명(無明)의 구름에 가려 태중(胎中)에서부터 캄캄하여 흑백을 분간하

지 못하니, 불조께서 방편의 바람으로 무명의 구름을 쓸어내 주시고, 금침(金針)으로 눈 속의 가시를 제거해 주시지 않는다면 어찌 생사윤회를 영원히 그칠 기약이 있으랴.

아! 분골쇄신할지라도 실로 불조의 크신 은혜는 다 갚기 어려우리라.

004
强立種種名字하야 **或心或佛或衆生**이라하나 **不可守名而生解**니 **當體便是**라 **動念卽乖**하리라

억지로 여러 가지 이름을 붙여 마음이니, 부처니, 중생이라 하지만 이름에 집착해 분별심을 내지 말 것이니, 당체가 곧 이것이라 생각을 움직이면 바로 어긋나 버리리라.

마음은 영지(靈知)를 말하고 부처는 먼저 깨친 분이시며, 중생이란 범부와 하늘을 두루 통틀어 일컫는 말이다. 이름이란 실(實)의 빈(賓)인지라 빈으로 실을 구하는 것이 천지현격(天地懸隔)인 것이다.

일물(一物)의 분상(分上)에서는 본래 차별이 있을 수 없으나 미한 사람을 위하여 짐짓 차별을 세운 것에 지나지 않으니 이것의 본체는 비록 시비를 떠났지만 만일 잠시라도 헤아려 분별 집착한다면 바로 아득히 어긋나 멀어지고 말리라.

005

世尊三處傳心者는 爲禪旨요 一代所說者는 爲敎門이니 故로 曰 禪是佛心이요 敎是佛語라 하니라.

세존께서 세 곳에서 마음을 전하신 것이 선지가 되고 일생에 걸쳐 말씀하신 것이 교문이 되었다. 그래서 선은 부처의 마음이고 교는 부처의 말씀이라 한 것이다.

　세존은 부처님의 별호이니 세간에서 추존(推尊)하신 뜻이다. 삼처(三處)는 부처님께서 가섭존자에게 마음을 전하신 곳이니 처음은 다자탑전(多子塔前)에서 자리를 나눠 앉으신 일이요, 다음은 영산회상에서 꽃을 들어 보이신 일이며, 세 번째는 사라쌍수간에서 관 밖으로 발을 내어 보이신 일을 말한다. 일대소설(一代所說)이란 부처님께서 49년에 걸쳐 설해주신 법문이니 부처님께서 입멸하신 뒤 결집시에 아난존자의 송출(誦出)로 유통된 법어이다. 여래행적(如來行跡)에 이르기를 "선등(禪燈)은 가섭의 마음에다 켜시고 교해(敎海)는 아난의 입에 부으셨다."고 하였다.

006

若人이 失之於口則 拈花面壁이 皆是敎迹이어니와 得之於心則 世間의 麤言細語가 皆是 敎外別傳禪旨리라

만일 사람이 입에서 잃으면 염화나 면벽이 다 교의 자취가 되고 말겠지만, 마음에 얻으면 세간의 자질구레한 소리들이라도 다 교 밖에 각별히 전하신 선지가 되리라.

입에서 잃는다는 것은 이 법이 본래 이름이나 설명, 인식 등을 떠난 것인데 만일 이름, 설명, 인식 등을 가져 입으로 시비하거나 마음으로 분별한다면 세존염화(世尊拈花)나 달마면벽(達磨面壁)이 모두 교(敎)의 자취가 되고 말 것이다. 그러나 일체 분별을 다 놓아 버리고 오직 자심(自心)으로 비춘다면 여염 농갓집 아낙들의 재잘거림도 다 평상(平常)의 정법(正法)을 속삭이는 것이며, 네거리 골목길에 뛰어노는 아이들이 모두 깊은 실상(實相)을 드러내고, 새들의 지저귐이 모두 천기(天機)를 누설(漏洩)하며, 소 울음 닭소리가 모두 정법을 번역(飜譯)하는 것이다.

　옛날 보적 선사(寶積禪師)께서 푸줏간 앞을 지나는데 마침 고기 살 사람이 "정밀한 곳을 한 조각 잘라 달라." 하니 푸줏간 주인이 큰소리로 "소의 어느 곳이 정밀하지 않은 곳이 있는가."라고 대꾸하는 말에 선사께서는 대오(大悟)하였다.

　또 보수 화상(寶壽和尙)은 어느 날 저자거리에 앉았는데 곁의 사람이 농담으로 상대를 치거늘 맞은 사람이 겸연쩍은 모습으로 "면목 없네."라고 사과하는 말에 스님이 대오하였으니 이러한 일로 보건대 세간의 자질구레한 말도 다 열린 마음으로 듣는다면 교 밖의 선지(禪旨)가 됨을 알 것이다. 그러니 사람이 한갓 말에만 흘려 보내고 친히 반조공부(返照工夫)함이 없다면 마침내 뜻을 얻었다 해도 빈 머리의 허수아비가 됨을 면치 못할 것이다.

007

吾有一言하니 絕慮忘緣이로다 兀然無事坐호니 春來草自靑이로다.

내가 한마디 하자면 생각을 끊고 반연하는 경계도 다 잊은 채 멍청한 듯 아무 일 없이 앉았는데 봄이 오는지 풀이 저절로 푸르네.

올연(兀然)은 무심한 모양이다. 사람이 마음에 자득(自得)하여 무생경계(無生境界)에서 배고프면 밥 먹고 곤하면 잠잘 줄 안다면 일 없는 한가한 도인(道人)이라 할 만하다.

연려(緣慮)가 날 때 눌러 개의치 않는다거나 일이 있을 때 그 일을 없게 하는 게 아니라, 애초에 반연할 게 없고 애초에 일이 없는지라, 녹수청산(綠水靑山)과 송풍라월(松風蘿月)에 뜻을 맡겨 노닐며 자맥홍진(紫陌紅塵)과 어촌주사(漁村酒肆)에 마음대로 돌아다녀 올해가 몇 년인지 알 수 없으나 봄이 오니 풀이 저절로 푸르네.

#008

咄哉 丈夫여 將頭覓頭하야 馳求不歇이로다 若言下에 廻光하야 更不別求하면 與祖佛無殊하야 當下無事하리라.

못난 장부여, 머리를 가지고서도 머리를 찾아 날뜀을 쉬지 못하는구나. 만일 말끝에 마음 빛을 돌이켜 다시 다른 데서 구하지 않는다면 불조와 다르지 않아 곧바로 일이 없을 것을.

'돌(咄)'이란 안타까워 꾸짖는 말이다. 옛날 연야달다(演若達多)가 부질없이 미친 마음으로 제 머리를 가지고 머리를 찾아 날뛴 것처럼, 중생들이 마음을 가지고 마음을 잃어버림이 또한 이와 같다. 안타깝게도 나에게 있는 것을 살피지 않고 부질없이 밖으로 치달을수록 더욱 멀어질 뿐이니 진실로 미쳤다 하지 않겠는가. 그러나 바로 자기로 돌이켜 본래 머리를 잃은 적이 없는 줄만 알면 범성(凡聖)이 본래 한 몸이라 바로 아무런 시비할 일이 없는 것이다.

#009

經云 狂性이 自歇하면 頭非外得하리라 縱未歇狂한들 亦何遺失이리요
경에 이르시길 "미친 성질을 제 스스로가 쉬어 버리면 그뿐 머리는 밖에서 얻어지는 것이 아니다. 비록 미친 증세가 쉬어지질 않는다 해도 어찌 본래(머리를) 잃은 일이 있었으리오." 하시며

　오직 미친 마음만 쉬면 그뿐, 머리는 본래 그 자리에 편안히 있는 것이다. 비록 미친 마음 때문에 자기가 모른다고 해서 본래 있는 자기 머리가 없어지거나 잃는 일이 있겠는가.

#010

經에 云 一切衆生이 於無生中에 妄見生死涅槃홈이 如見空花의 起滅이로다 然이나 妙覺圓照는 離於花翳하니 故로 翳眼으로 觀空하면 無花에 見花라 하시고 又云 翳差하면 花除라 하시니라.
경에 이르시길 "일체 중생이 생멸 없는 가운데서 거짓 생사와 열반을 봄이 마치 (눈병 때문에) 허공 꽃이 어른거림을 보는 것과 같다. 그러나 뚜렷이 빛나는 묘각은 꽃이나 가림을 다 떠났으니 그러므로 (병으로 인해 어른거리는) 가려진 눈으로 허공을 보면 (본래) 꽃 같은

것이 없지만 (헛된) 꽃이 있는 것처럼 보이는 것이다." 하시고 또 이르기를 "가려진 (눈)병만 나으면 (그림자와 같은) 허공 꽃은 저절로 없어지는 것이다."고 하시었다.

부처님 외에는 다 일체 중생이다. 묘각원조(妙覺圓照)는 모든 사람들의 본심이며 예(瞖)는 눈병을 말한다. 예는 견분(見分)에 꽃은 상분(相分)에 허공은 자성에다 각각 비유한 것이다.
중생이 몰라서 생사가 있는 듯이 보이는 것은 마치 병든 눈에 허공 꽃이 보이는 것과 같고, 깨달아 열반을 이루는 것은 눈병이 나으매 허공 꽃이 저절로 멸해 없어짐과 같은 것이다. 그러나 허공성(虛空性)은 일찍이 일어나고 없어지는 변화가 없는데 다만 눈병 때문에 이견(二見)을 내고, 진각성(眞覺性)은 일찍이 생사니 열반이라는 분별이 없는데 망병(妄病) 때문에 역시 이견을 내는 것이다.
『사익경(思益經)』에 이르시길 "온갖 부처님께서 세간에 출현하심은 중생을 생사에서 건져 열반에 들게 하기 위함이 아니라 오직 생사와 열반이란 상대적인 분별견해에 빠진 이들을 제도하기 위해서다." 하시었다.

#011
離心求佛者는 外道요 執心爲佛者는 爲魔라 大抵忘機는 是佛道요 分別은 是魔境이니라 又分別을 不生하면 虛明이 自照하리라.
마음을 떠나 부처를 구하는 이는 외도요, 마음을 고집하여 부처라 하는 이는 마군이다. 대저 기틀을 잊음은 곧 불도요, 분별함은 마의 경계니, 분별하는 마음만 내지 않는다면 텅 빈 광명이 스스로 비추리라.

반연(攀緣)에 의해 생긴 만법은 그 자체로 가명(假名)이라 실재가 아니건만 중생이 스스로 미혹하여 명상(名相)에 속아 집착한다. 허명(虛明)한 자성을 알지 못해 나아가고 물러남을 어기는지라 드디어 외도나 사마(邪魔)의 이름을 얻는 것이다. 기(機)란 능소(能所)의 마음이 나는 곳을 말한다.

#012
若不秘重得意一念하고 別求見性神通則 豈有休歇時리요 一念者는 一法也니 所謂 衆生心也라
만일 뜻을 얻은 한 생각을 소중히 여기지 않고 따로 견성이나 신통을 구한다면 어느 때나 쉴 날이 있으리오. 한 생각이란 한 법(일진법계)이니 이른바 중생심을 말한다.

이는 밖을 향해 치달아 구하는 어리석은 병통을 경계하는 말로서 사마(邪魔)와 외도(外道)의 두 구덩이를 뜻한다. 곧 바로 한생각도 내지 않아서 앞과 뒤가 다 끊어지면 삼세육추(三細六麤)*가 그치고, 돌이켜 비추는 본체(本體) 홀로 환히 드러나 우뚝하리니 이것이 곧 진불(眞佛)의 과위(果位)인 것이다.

*삼세육추(三細六麤): 기신론의 설로 근본무명에 의해 진여가 움직이고(起動) 모든 생멸유전의 망법(妄法, 迷의 현상)을 나타내는 상태를 삼세(三細)와 육추(六麤)의 아홉 가지 모양으로 나누어 설명

한 것이다. 세(細)란 아직 심왕심소(心王·心所)의 구별이 없고 작용하는 모습도 미세하여 분명치 않는 것을 말하고 추(麤)는 심왕과 심소가 상응하여 그 미치는 모습이 뚜렷한 것을 말한다.

(1) 삼세(三細)
① 무명업상(無明業相(業相)): 근본무명 즉 진여가 기동(起動)된 최초의 상태. 곧 지말무명(枝末無明) 중의 제1로서 아직 주객관(主客觀)의 구별이 없음.
② 능견상(能見相(轉相)): 앞의 무명업상에 의해 일어나는 대상을 인식하는 심(心), 주관(主觀).
③ 경계상(境界相(現相)): 능견상이 일어나는 것과 동시에 망현(妄現)하는 인식대상, 객관(客觀).

(2) 육추(六麤)
① 지상(智相): 경계상에 의해 나타난 망경계(妄境界)를 대상으로 하여 심왕(心王)과 그에 상응하는 심소(心所)가 작용하지만 먼저 대상에 대하여 염정(染淨)을 구별하고 사랑해야 할 것과 싫어해야 할 것를 구분하는 지(智)의 기능.
② 상속상(相續相): 앞의 구분에 의해 고락(苦樂)을 분별하는 마음을 일으킴. 곧 지상(智相)의 이어짐으로 위의 둘이 법집(法執)의 혹(惑)이 됨.
③ 집취상(執取相): 고락을 구분하는 결과로 집착의 생각을 굳게 냄.
④ 계명자상(計名字相): 집착된 사물 위에 관습적인 명칭을 부여하며 구체화된 관념으로 여러 가지 계획을 일으킴. 이상의 둘은 아집(我執)의 혹이 됨.
⑤ 기업상(起業相): 이상 아집과 법집의 혹에 의해 여러 가지 선악의 행동으로 진전함.
⑥ 업계고상(業繫苦相): 업에 의해 고통의 얽매임을 받고 육도윤회에 묶여 자유롭지 못함.

이와 같이 세(細)에서 추(麤)로 곧 불상응심(不相應心)인 아뢰야식의 위(位)로부터 상응심(相應心)인 육식의 위(位)로 나아가는 것에 의해 미망의 세계가 나타나므로 깨달음에 이르는 길은 거친(麤) 것으로부터 미세한(細) 데로 나아가지 않으면 안 된다. 범부의 경계는 추중(麤中)의 추(麤)(9-6), 보살의 경계는 추중(麤中)의 세(細)(5-4) 및 세중(細中)의 추(麤)(3-2)이며, 부처님의 경계는 세중(細中)의 세(細)(1)이 배대(配對)된다. 또 이 삼세육추(三世六麤)는 생주이멸(生住異滅)의 사상(四相)에 배대(配對)하기도 한다.

#013

淨名- 云 我本性이 元自淸淨하니 卽時豁然하면 還得本心하리라 하시고 又 一悟에 卽至佛地라 하시며

정명(유마 거사)이 이르기를 "나의 본성이 본래 스스로 깨끗하니 곧 바로 활연하면(걸림없이 밝아 통하면) 도리어 본심을 얻으리라." 하시고, 또 "한번 알면(깨달으면) 곧바로 불지에 이르리라." 하시며

이는 본성의 본래 청정함을 강조하여 하신 말씀이다.

#014
祖師- 云 性自淸淨하니 起心着淨하면 却生淨妄하리라 妄無處所하야 着者- 是妄이니 若不生心動念하면 自然無妄하리라 하시니라
조사께서 이르시길 "자성이 스스로 청정한데 마음을 일으켜 맑음에 집착하면 도리어 맑음의 망심이 생길 것이다. 망심이란 일정한 처소가 없어 매달려 집착하는 그 자체가 곧 망심이니 마음을 내어 생각을 움직이지만 않는다면 자연히 망은 없는 것이다."고 하시었다.

이는 망상심의 본래 공적함을 강조하여 하신 말씀이다.

015
敎門엔 惟傳一心法하시고 禪門엔 惟傳見性法하시니 心- 卽是性이요 性- 卽是心이니라
교문에는 오직 일심 법을 전하고 선문에는 오직 견성 법을 전하거니와 # 마음이 곧 성품이요, 성품이 곧 마음이다.

　여기서 말한 마음이란 곧 중생의 본원심(本源心)으로 무명(無明)에 미혹된 마음을 가리키는 것이 아니다. 또한 성품도 곧 일심의 본법성(本法性)으로 성(性)과 상(相)이 서로 상대한 성품을 말하는

것이 아니다.

*심자(心字)와 성자(性字)가 각각 심천(深淺)이 다른데 선(禪)과 교(敎)를 주장하는 이들이 이름만을 집착하여 얕은 것을 깊게 알며 깊은 것을 얕게 알아 해행(解行)이 상응치 못하므로 나누어 자세히 가린 것이다.

  이 일심(一心)의 체성(體性)은 깊고 넓어 만법을 갖추지 않음이 없다. 본성은 움직이지 않으나 또한 반연을 따르므로 체용(體用), 인법(人法), 진망(眞妄), 사리(事理) 등에 결코 어긋나지 않는다.

  이같이 뜻으로 쓰임은 만 가지로 차별있는 듯하나 도리어 담연상적(湛然常寂)하여 일체를 다 갖추어 있는 것이다. 그러므로 결코 고정된 성(性)도 상(相)도 아니요, 이(理)도 사(事)도 아니며 부처도 중생도 아니다.

  이같이 불가사의하므로 종사(宗師)께서 바로 사람마다 앞에 나타난 한 생각을 가리켜 견성성불케 하는 것인 바, 학자가 말끝에 대오(大悟)하면 백천법문과 무량묘의(無量妙義)를 한꺼번에 증득하게 되는 것이다. 이렇게 비록 선(禪)과 교(敎)를 대변하였지만 이치를 궁구하여 성불(成佛)하는 교가(敎家)의 논리적인 뜻과는 다르니 선사(先師)께서 이르기를 "진심(眞心)은 포함중묘(包含衆妙)하대 역초언사(亦超言辭)하고 진성(眞性)은 이명절상(離名絶相)하대 연기무애(緣起無碍)한 것이다."고 하시었다.

016
心則從妙起明하니 如鏡之光이요 性則卽明而妙하니 如鏡之體니라
마음은 묘함으로부터 밝으니 거울의 빛과 같고 성품은 밝음에 즉하여 묘하니 거울의 본체와 같다.

  위는 형상 밖의 법은 한갓 말로서 미치지 못하므로 상단의 심자(心字)와 성자(性字)를 다시 거울의 공능에 비유하여 나타낸 것이다.

017
敎門에 惟執 悉達이 一生成佛者는 爲小乘機也요 多劫修行하야 相盡性

顯하야사 方得成佛者는 爲大乘機也요 一念悟時 名爲佛者는 爲頓機也요 本來成佛者는 爲圓機也니 猶禪門에 煩惱와 菩提를 異執者는 爲皮也요 斷煩惱得菩提者는 爲肉也요 迷則煩惱悟則菩提者는 爲骨也요 本無煩惱라 元是菩提者는 爲髓也니라.

교문에서는 (대개 분류하기를) 오직 싯다르타 태자가 일생에 성불했다 고집하는 이를 소승근기라 하고, 여러 겁에 수행하여 상이 다하고 성이 나타나야 비로소 성불한다 하는 이를 대승근기라 하며, 한 생각 알 때를 곧 부처라 하는 이는 돈교근기라 하고, 본래 성불이라 하는 이를 원교근기라 한다.

(이는 마치) 선문에서 번뇌와 보리를 다르다 고집하는 이를 가죽이라 하고, 번뇌를 끊어야 보리를 얻는다 하는 이를 살갗이라 하며, 모르면 번뇌나 알면 보리라 하는 이를 뼈라 하고, 본래 번뇌가 없어 그대로 곧 보리라 하는 이를 골수라 함과 같다.

범어(梵語)에 싯다르타(悉達)는 돈길(頓吉), 또는 일체의성(一切義成)의 뜻이 있으니 부처님의 태자 시절 이름이시다. 상(相)은 곧 생주이멸(生住異滅)이니 생기(生起)의 근원을 깨달아 멸(滅)은 십신위(十信位)에서 끊고, 이(異)는 삼현위(三賢位)에서 끊으며, 주(住)는 십성위(十聖位)에서 끊고, 생(生)은 불위(佛位)에서 끊으니 이를 수단(修斷)의 과정이라 한다. 펴면 오십오위(五十五位)가 되고, 줄이면 사위(四位)가 되니 모두가 생념(生念)과 멸념(滅念)을 논하기 때문이다.

번뇌는 들끓는 근심거리(憂煎)를 번(煩)이라 하고 미혹된 산란(불편한 심기)(迷亂)을 뇌(惱)라 하니 마음과 경계가 끊임없이 서로 다투어 생기는 미망심을 말한다.

교문(敎門)의 아래는 여래(如來)의 사교(四敎)를 논한 것인데 오직 싯다르타 태자만 일생성불하신 것이고 나머지 사람은 불성(佛性)이 없어 성불하지 못한다는 견해를 가진 이를 소승근기라 하고, 일무수겁(一無數劫) 동안 오위(五位)를 수행해 십지만족(十地滿足)하고 사지원명(四智圓明)하며 생멸상을 길이 끊어 일념상응(一念相應)하여야 상주(常住)한 심성을 본다는 견해를 가진 이를 대승근기라 하며, 비록 없는 전도몽상(顚倒夢想)으로 스스로 중생이라고 잘못 인식하다가 한 생각 깨달을 때 전체가 곧 부처라고 바로 아는 이를 돈교근기(頓敎根機)라 하고, 생주이멸이 본래 없는 평등하고 동일한 각성이라고 바로 아는 이를 원교(圓敎)의 근기라 한다.

선문(禪門)의 아래는 달마 선사와 그 제자들의 문답에서 보인 각기 견해의 심천(深淺)을 가리킨 것이니, 가죽은 도부(道副)요, 살갗은 총지(摠持)며, 뼈는 도육(道育)이요, 골수는 혜가(慧可)를 말한다.

그러나 대개 교니 선이니 하는 것이 오직 사람의 견해 심천에서 나온 분별일 뿐, 근본법에는 아무 상관이 없다. 모르면 일마다 담벽을 대한 듯 캄캄할 것이나 알면 만법이 거울 비치듯 환하리니, 곧 국집(局執)이 우물 속에서 하늘을 보는 격이라면 통달은 정상(頂上)에 올라 마음껏 바다를 바라보는 것과 같기 때문이다.

018

然이나 **諸佛說經**은 **先分別諸法**하시고 **後說畢竟空**이어니와 **祖師示句**는 **迹絕於意地**하고 **理顯於心源**하니라

그러나 부처님께서 설하신 경전은 먼저 온갖 법을 분별해 보이고

난 뒤 필경공을 설하셨거니와, 조사께서 보이신 일구는 (바로) 자취를 생각에서 끊고 이치를 마음 근원에 나타내었다.

자취란 조사의 말 자취이고 생각은 학자의 분별심이다. 온갖 부처님들은 영원히 온갖 근기들이 믿고 의지할 모범이 되시므로 이치를 친절하고 자세히 설명해 보이셨지만, 조사는 바로 도탈(度脫)함에 뜻이 있으신지라 학자가 분별심을 끊고 대번에 현통(玄通)케 하시는 것이다.

019

諸佛은 說弓하시고 祖師는 說絃하시니 佛說無碍之法하사 方歸一味어시든 拂此一味之迹하야사 方現祖師所示一心하나라 故로 云 庭前栢樹子話는 龍藏所未有底라하시니라.

부처님은 활처럼 설하시고 조사는 시위처럼 설하시니, 부처님은 걸림 없는 법을 설하사 비로소 한맛에 돌아가지만 이 한맛의 자취조차 털어내 버려야 비로소 조사가 보이신 일심이 나타난다. 그래서 '뜰 앞의 잣나무'와 같은 화두는 용궁의 장경에도 없는 것이라 하였다.

부처님은 자세하게 설명해 보이시므로 활에다 비유하였고 조사는 곧바로 보이시므로 활줄에다 비유하였다. 용장(龍藏)은 용궁에 보관해 놓았다고 하는 부처님께서 일평생 설하신 법문이다.

어떤 스님이 조주 화상에게 "조사께서 서쪽에서 오신 뜻이 무엇입니까?"라는 물음에 화상은 "뜰 앞에 서 있는 잣나무니라."고 대답하였다. 이는 말길과 뜻의 길을 한꺼번에 끊어 버린 것이라, 이리저리 생각으로 분별 궁리함을 허용치 않는 것이니, 곧 위의 "자취를 생각에서 끊고 이치를 마음근원에 나타내었다."고 하신 뜻과 같다. 그러므로 조사가 서쪽에서 오신 참 뜻[單傳密旨]은 오교(五敎)나 일승(一乘) 밖에 멀리 뛰어난 것인 줄 알아야 한다.

> 저 멀리 들려오는 오랑캐의 노래소리
> 하늘 끝에 닿을 듯 심금을 울려주네. -『玄中銘』

020

故로 學者는 先以如實言敎로 委辦不變隨緣二義- 是自心之性相이며 頓悟漸修兩門이 是自行之始終然後에 放下敎義하고 但將自心에 現前一念하야 叅詳禪旨則 必有所得하리니 所謂出身活路니라.

그러므로 배우는 이는 먼저 실다운 가르침을 의지해 '변치 않음'과 '인연을 따르는' 두 뜻이 곧 자심의 성품과 모양이며, 돈오와 점수의 두 문이 곧 실제로 수행할 처음과 끝임을 자세히 납득하고 판단한 뒤에 (배우고 익힌) 교의를 말끔히 놓아버리고 다만 자기 마음의 현전한 일념으로 선의 지취를 자세히 참구한다면 반드시 얻는 바가 있으리니 이른바 출신하여 살 길이다.

지금까지는 선과 교의 특징을 서로 비교하며 설명해 왔다.
이제부터는 오로지 선을 결단하여 올바른 길을 드러내고자 한다. 뛰어난 상근기의 사람이라면 굳이 이러한 과정에 매이지 않아도 되겠지만 말법세상의 학자는 법의 눈이 분명치 못해서 헤매기만 할 뿐, 정법을 가려내기가 어렵다. 이를 선성(先聖)들께서 걱정하시어 자세히 분석해 보이는 것이니 학자들은 부디 정신 차려 올바른 눈으로 다시금 잠심완미(潛心玩味)할 것이다.

교리에 의지한 관법수행은 모든 성인들의 당연한 법칙이겠지만 아득한 벼랑에서 손을 놓아 버릴 수 있는 용기(懸崖撒手)는 하늘 위로 솟아오르고도 남을 대장부의 기개를 가진 이(衝天丈夫)만이 가능할 것이다.

불변(不變)은 심진여(心眞如)요, 수연(隨緣)은 심생멸(心生滅)이며 성(性)은 본체(體)요, 상(相)은 작용(用)이다. 또 돈오(頓悟)는 불변(不變)이요, 점수(漸修)는 수연(隨緣)이며 시(始)는 인(因)이요, 종(終)은 과(果)를 말한다.

021
大抵學者는 須叅活句언정 莫叅死句어다
대저 배우는 이는 모쪼록 활구를 참구해야지 사구를 참구해서는 안 된다.

활구(活句)는 선(禪)이며 사구(死句)는 교(敎)를 말한다. 이로부터 아래는 활구 공부법을 자세히 설명하는 것이다.

022
凡本叅公案上에 切心做工夫를 如鷄抱卵하며 如猫捕鼠하며 如飢思食하며 如渴思水하며 如兒憶母하면 必有透徹之期하리라
무릇 자기가 참구하는 공안에 간절한 마음으로 공부 지어 가기를 마치 닭이 알을 품듯, 고양이가 쥐를 잡듯, 배고픈 때 밥 생각하듯, 목마를 때 물 생각하듯, 아이가 엄마 그리듯 한다면 반드시 사무쳐 뚫을 기약이 있으리라.

　공안은 조사의 화두를 말하며 본참공안이란 천칠백칙의 화두 가운데서 본인이 처음 받아 참구하는 화두를 말한다.
　닭이 알을 품듯 하라는 것은 어미의 따뜻한 기운이 계속 끊임없이 이어져야 비로소 새 생명을 이루는데 그렇게 했어도 깨어 나올 때 자식의 신호〔子啐一聲〕와 어미의 쪼아줌〔母啄〕이 일치하지 못하면 그 알이 그만 썩어버리고 마니, 이는 공부가 시종(始終) 잠시도 끊이짐이 없어야 함을 비유한 것이다.
　또한 고양이의 쥐와, 배고픔의 밥과, 목마름의 물과, 아기의 엄마 등 갖가지 비유가 다 곧 진실하고 간절한 마음을 나타낸 것이니 화두도 이런 간절한 마음이 없으면 마침내 이루어지질 못하는 것이다.

023
先德- 云 叅禪은 須透祖師關이요 妙悟는 要窮心路絶이라 하시고
선덕이 이르시길 "참선은 반드시 조사의 관문을 뚫어야 하고, 미

묘한 앎은 참으로 마음 길이 끊어져 다해야 한다." 하였고

   관문이란 확실한 신분이 아니고선 함부로 들락거릴 수 없는 곳이니 조사의 공안 또한 분별의 심의식(心意識)으로는 절대 통과할 수 없는 것이다.

024
高峯- 云 叅禪은 須具三要니 一은 有大信根이요 二는 有大憤志요 三은 有大疑情이라 苟闕其一이면 如折足之鼎이 終成廢器라 하시며
고봉이 이르기를 "참선은 반드시 세 가지 중요한 조건을 갖추어야 하니, 첫째 큰 신심이 있어야 하고, 둘째 분발하는 뜻이 있어야 하며, 셋째 큰 의정을 내는 것이다. 참으로 이 가운데서 하나라도 빠지면 다리 부러진 솥처럼 마침내 폐기가 됨을 면치 못하는 것이다." 하였으며

   부처님께서 이르시길 "성불하는 데는 믿음이 근본이 된다." 하셨고, 영가 선사는 "수도(修道)는 반드시 뜻을 먼저 세워야 한다." 하였으며, 몽산 선사는 "공부하는 이가 언구(言句)를 의심하지 않는 것이 큰 병통이다."고 하였다.

025
妙喜- 云 日用應緣處에 只擧狗子無佛性話하야 擧來擧去하며 看來看

去하야 覺得沒理路 沒義路 沒滋味하야 心頭熱悶時- 便是當人의 放身
命處며 亦是成佛作祖底基本也라 하시며 又云 若欲敵生死인댄 須得這一
念子- 爆地 一破하야사 方了得生死라 하시고

묘희(대혜)가 이르기를 "나날이 무슨 일을 하든지 다만 '어째서 개가 불성이 없다고 하였을까' 라고 한 화두를 끊임없이 들어 살피되, 이치의 길도 의리의 길도 다 끊어져 아무런 재미도 없고 마음이 답답하여 어찌할 줄 모를 때가 곧 그 사람이 목숨을 던질 곳이며 또한 성불작조의 터전이 되는 것이다." 하시며, 또 "생사를 대적하려면 반드시 이 한 생각을 폭파해 깨트려 버려야만 비로소 생사를 마칠 수 있다." 하였고

  어떤 스님이 조주화상에게 묻기를 "개도 불성이 있습니까?" 하니 "없다(無)."고 대답하였다.
  이 '무(無)' 자에 대하여 옛 선사는 "유무(有無)의 무(無)도 아니요, 진무(眞無)의 무(無)도 아니라." 하였으니, 이는 말과 뜻의 길이 다 끊어져 분별로써 헤아릴 수 없다는 말이다.
  폭(爆)은 불 속의 알밤이 터지는 소리니 공부가 익을 때 의심뭉치(疑團)가 깨트려짐(打破)을 비유한 말이다.

    조주 스님의 날카로운 칼날이여.
    서릿발 같은 광채가 뻗치네.
    더듬거리며 뭣나에 물으려 했다가는
    벌써 몸뚱이가 두 쪽이 나고 말리.

#026

先德- 云 這箇無字는 三世諸佛의 面目이시며 歷代祖師의 骨髓시며 亦是 諸人의 命根이니 諸人은 還肯也無아 大疑之下에 必有大悟라 하시니라
선덕이 이르시길 "이 무자는 삼세제불의 면목이며 역대조사의 골수며 또한 그대들의 목숨이니 그대들은 그렇게 기꺼이 믿는가? 크게 의심하는 곳에 반드시 큰 깨달음이 있으리라." 하였다.

　조주 스님이 나기 전이라고 어찌 불조가 없었으리오. 눈을 갖춘 납승은 속지 않을 것이다.
　그러나 선현께서 조주의 선을 이렇게 특별히 말씀하신 깊은 뜻이 있을 것이니, 모름지기 조주의 허물을 잡아내야만 눈 밝은 놈이라 하려니와 스스로 긍정하는 곳 없이 한갓 입술 가로만 맴돌고 만다면 이 한생의 눈이 멀 뿐 아니라 다른 날에 정법을 비방한 죄로 철퇴를 맞는 일도 면할 수 없을 것이다.

027

話頭를 不得擧起處에 承當하며 不得思量卜度하며 又不得將迷待悟하고 就不可思量處하야 思量하면 心無所之- 如老鼠入牛角하야 便見倒斷也리라 又 尋常에 計較安排底- 是識情이며 隨生死遷流底- 是識情이며 怕怖慞惶底- 是識情이어늘 今人은 不知是病하고 只管在裏許하야 頭出頭沒하난다
화두는 들어 일으키는 곳에서 알아맞히려 하지 말고, 생각으로 이리저리 헤아리지도 말며, 또 미함을 가지고 알기를 기다리지도 말

것이니, 생각이 미칠 수 없는 데까지 나아가 생각하면 마음이 더 갈 곳이 없어 마치 늙은 쥐가 쇠뿔에 들어가다 잡히듯 함을 볼 것이다.

평소에 이런가 저런가 따지고 맞춰 보는 것이 곧 식정이며, 생사를 따라 굴러다니는 것이 곧 식정이며, 두려워 갈팡질팡하는 것도 곧 식정인데 요즘 사람들은 이러한 병통을 알지 못하고 다만 이 속에서 빠졌다 솟아났다 하고 있을 뿐이다.

화두의 열 가지 병을 이른 것이다. 생각으로 이리저리 헤아리는 것, 눈을 껌벅이고 이마를 찡그리며 궁리하는 것, 말로써 꿰어 맞추려 하는 것, 글에서 출처를 찾아 증명하려 하는 것, 들어 일으키는 곳에서 눈치로 알아맞히려 하는 것, 일 없는 데 가만히 들어앉아 있는 것, 있고 없는 상대적인 무(無)로 아는 것, 참으로 없는 무(無)라고 아는 것, 도리가 그럴 것이라 짐작하는 것, 나는 미한 중생이므로 이걸 들면 깨달으리라고 여기는 것 등이 열 가지 병통이니 이러한 분별심을 다 떠나서 분명하고 또렷한 경각심으로 들어 깨쳐야〔提撕擧覺〕할 것이다.

028

大抵此事는 如蚊子ㅡ 上鐵牛하니 更不問如何若何하고 下觜不得處에 棄命一攢하야 和身透入이어다.

대저 이 일은 마치 모기가 무쇠로 된 소에게 덤벼들듯이 다시 이러니 저러니 따질 것 없이 함부로 주둥이를 댈 수 없는 곳에 목숨을

떼어 놓고 한곳을 뚫어 온몸 송두리째 사무쳐 들어가야 한다.

위에 말씀한 뜻을 거듭 간곡히 설명하시니 부디 활구를 참구하여 물러나지 않게끔 재삼 격려하시는 것이다.

029
工夫는 如調絃之法하야 緊緩에 得其中이니라 勤則近執着하고 忘則落無明하나니 惺惺歷歷하며 密密綿綿이어다

공부는 마치 거문고 줄을 고를 때 팽팽하고 느슨함이 알맞아야 하듯 너무 애쓰면 집착에 빠지기 쉽고 잊어버리면 무명에 떨어지게 된다. 또렷하고 분명하면서 세밀하고 끊임이 없어야 한다.

현(絃)은 거문고의 줄을 말한다. 무명은 사람사람이 비록 본각(本覺)의 밝음을 갖추고는 있으나 항상 언제나 미혹된 전도(顚倒)로 말미암아 시각(始覺)의 밝음이 없기 때문에 무명(無明)이라 하는 것이다.

공부할 때 너무 급하게 조이기만 하면 혈기가 고르지 못한 병이 생기고, 반대로 느슨하기만 하면 한가한 습관이 배어 게으르고 혼몽한 병에 빠지게 된다. 공부의 묘는 오직 정신을 또렷하고 세밀하게 하여 힘껏 한 덩어리를 이루어 가는 것뿐이다.

030

工夫가 到行不知行하며 坐不知坐하면 當此之時하야 八萬四千魔軍이 在六根門頭- 伺候타가 隨心生設하리니 心若不起면 爭如之何리요

공부가 (익숙해져서) 걸어도 걷는 줄 모르고 앉아도 앉는 줄을 모를 때가 되면 이때를 당해서 팔만사천 마군들이 육근 문 앞에서 틈새를 엿보고 있다가 마음 길을 따라 (벌떼처럼) 침범해 들어올 것이다. 그러나 (내가) 마음을 일으키지 않는다면 제가 감히 어찌할 것인가.

마(魔)는 생사와 오욕을 즐겨 정법을 어지럽히고 파괴하는 귀신을 말한다. 마의 종류를 팔만사천이라 함은 중생의 팔만사천 진로 번뇌를 표한 것이다.

그러나 이 마군은 마음 밖에 있는 것이 아니라 눈, 귀 등 육근의 경계에 내가 마음을 내면 그 마음 따라 갖가지로 변화해 나타나거니와 도가 높을수록 더욱 치성하게 일어나는 것이다. 이는 범부는 육근의 대상경계를 실재한 자기의 경계로 수용하므로 마군이 따로 뇌란(惱亂)하지 않겠지만 보살은 대상경계를 배반하므로 마군들이 더욱 대적해 침범하려 하기 때문이다.

옛날 한 도인이 하루는 공부하다 정(定)에 들어 보니 한 효자가 어머니의 시신을 들고 와서 "네놈이 어찌하여 우리 어머니를 죽였단 말인가." 하고 마구 울부짖거늘 도인이 마군의 장난인 줄 알고 도끼로 그 효자를 내리 찍었으나 피해 달아나 버렸다. 그런 뒤에 정에서 나와 보니 자기 다리가 도끼에 찍혀 선혈이 낭자해 있었다 한다. 또 한 스님은 밤중에 정에 들어 있는데 난데없이 돼지 한 마리가 자리에 와 앉는지라 이 스님이 돼지 코를 힘껏 잡아 누르며

밖에다 대고 "빨리 불 좀 켜오너라."고 외쳤다. 사미가 놀라 불을 켜서 들어 가보니 그 스님이 자기 코를 힘껏 쥔 채 고함을 치고 있었다고 한다. 이것은 안으로 마음을 일으키지만 않으면 바깥의 마군이 저 혼자서는 어찌하지 못함을 말해주는 예라 할 것이다.

옛사람이 또한 이르기를 "벽에 틈이 생기면 바람이 들어오듯이 마음에 틈이 생기면 마가 침범해 오는 것이다." 하였다.

031

起心은 是天魔요 不起心은 是陰魔요 或起或不起는 是煩惱魔어니와 我正法中엔 本無如是事니라

일어나는 마음을 천마라 하고 일지 않음을 음마라 하며 혹 일기도 하고 일지 않기도 하는 것을 번뇌마라 하거니와, 그러나 우리 정법 가운데는 본래 이 같은 일이 없다.

사마외도란 본래 그 종자가 따로 있는 것이 아니다. 다만 수행하는 이가 수행 중에 자칫 정념을 매각함을(失念) 틈타, 물결 일어나듯 여러 갈래 파(派)가 생겨난 것에 지나지 않는다.

그러나 마의 경계란 어디까지나 꿈속의 환상에 지나지 않는지라 깨어있는 사람에게는 본래 그 흔적도 없는 것이다.

032

工夫가 若打成一片則 縱今生에 透不得이라도 眼光落地時에 不爲惡業의

所牽하리라
공부가 타성일편을 이룬다면 비록 금생에 사무치지 못하더라도 마지막 눈 감을 때 악업에 끌리지는 않을 것이다.

　이는 공부하는 사람 중에 속효심(速效心)에 매달려 퇴굴(退屈)하려는 이들을 각별히 위로하는 말씀이다.
　사람이 목숨이 다하여 안광(眼光)이 떨어질 때에는 한평생 지어온 선악업의 결과가 다 나타나 보이는데 이때를 당해 비록 공부를 사무치지 못했다 하더라도 악업에 끌려가지 않게 되는 것은 반야의 힘이 그만큼 뛰어나기 때문이다.

#033
於法에 **有親切返照之功**하야 **自肯點頭者**라사 **始有語話分**하리라
저 법에 친절히 돌이켜 살피는 노력을 쌓아 마침내 스스로 긍정하고 끄덕일 수 있어야 비로소 한마디 이를 분수가 있으리라.

　이는 논리만을 즐겨 배우려는 이〔學語輩〕들을 경책하는 것이다. 반조(返照)는 본각(本覺)이 자아(自我)요 시각(始覺)은 법(法)이니 시각으로 나의 본각을 자세히 가려 살핌을 이른다.
　말은 뜻을 드러내는 도구라, 뜻을 얻으면 자연히 필요 없는 것이다. 이와 같이 뜻을 얻고 말을 잊은 이라야 참으로 한마디 이를 분수가 있는 것이다.
　옛사람이 이르기를 "증득(證得) 그 자체는 사람에게 내보일 수 없

다. 그러나 이치(理致)는 증득하지 않으면 깨칠 수 없는 것(不了)이다."고 하였다.

#034
心如木石者라사 始有學道分하리라
마음이 목석 같은 자라야 도를 배울 자격이 있다.

이는 초심인을 경책하신 말이다. 오직 무심(無心)만이 무생도(無生道)에 조금이라도 상응(相應)할 수 있기 때문이다.

035
大抵參禪者는 還知四恩이 深厚麼아 四大醜身이 念念에 衰朽麼아 還知人命이 在呼吸麼아 生來에 値遇佛祖麼아 及聞無上法하고 生稀有心麼아 不離僧堂하야 守節麼아 不與隣單雜話麼아 切忌鼓扇是非麼아 話頭가 十二時中에 明明不昧麼아 對人接話時에 無間斷麼아 見聞覺知時에 打成一片麼아 返觀自己하야 捉敗佛祖麼아 今生에 決定續佛慧命麼아 此一報身에 定脫輪廻麼아 當八風境하야 心不動麼아 起坐便宜時에 還思地獄苦麼아 此是參禪人의 日用中 點檢底道理니 古人이 云 此身을 不向今生度하면 更待何生하야 度此身고 하시니라
참선하는 이들이 언제나 염두에 두어 잊지 말아야 할 것이 있다.
네 가지 은혜가 매우 깊은 줄 아는지, 사대의 인연으로 모인 이 몸뚱이가 순간순간 쇠잔해 사그라져 감을 아는지, 사람의 목숨이 오

직 호흡하는 순간에 달린 것을 아는지, 일찍이 부처님이나 조사 같은 분을 만나고서도 그대로 지나쳐 버리지는 않았는지, 또한 위없는 법을 듣고서도 기쁘고 다행한 생각을 잠시라도 잊지 않았는지, 공부하는 곳을 떠나지 않고 수행인다운 절개를 지키는지, 곁에 있는 사람들과 쓸데없는 잡담이나 하며 지내지 않는지, 분주히 시비를 일삼고 있지나 않은지, 화두가 어느 때나 똑똑히 들리고 있는지, 남과 이야기할 때도 화두가 끊임없이 들리는지, 보고 듣고 알아차릴 때도 한결같은지, 제 공부를 돌아보아 불조를 붙잡을 만한지, 금생에 결정코 부처님의 혜명을 이을 수 있는지, 앉고 눕고 편안할 때에 지옥의 고통을 생각하는지, 이 육신으로 윤회를 벗어날 자신이 있는지, 팔풍이 불어올 때에도 마음이 한결같아 움직이지 않는지.

이것이 참선하는 사람들이 일상에서 때때로 점검해야 할 도리로서 옛사람이 이르기를 "이 몸 금생에 건지지 못하면 다시 어느 세상에서 건지랴."고 하시었다.

네 가지 은혜란 부모, 스승, 국가, 시주의 은혜니, 부모님은 나를 낳으시고 스승은 나를 가르쳤으며, 국가는 나를 보호해 주고 시주는 나에게 베풀어 주기 때문이다.

사대는 지·수·화·풍이니 땅의 견고함, 물의 습기, 불의 따뜻함, 바람의 움직임 등의 기운이 인연 화합하여 이 몸이 되었으므로 보통 이 몸을 사대육신이라 한다.

아버지의 정액 한 방울과 어머니의 피 한 방울이 화합해서 이 몸이 되었으니 근본은 수대(水大)라 할 수 있다. 그러나 수기(水氣)만 있고 지기(地氣)가 없다면 그냥 기름같이 흘러버릴 것이며, 지기만 있고 수기가 없다면 메말라 부스러지고 말 것이다. 또 지기와 수기가 화합되어도 화기(火氣)가 없다면 음지의 편육과 같아서 그냥 썩고 말 것이며, 지기, 수기, 화기가 다 있어도 풍기(風氣)가 없다면 움직일 수 없는 것이다. 이 몸이 이루어질 때 콧구멍이 먼저 생겨 어머니의 숨길과 통하기 때문에 우리말로 자식(子息)이라고 한다. 그래서 태어날 때도 풍기와 화기를 먼저 얻어 태어나고 죽을 때도 풍기와 화기를 잃음으로 죽었다고 하는 것이다.

이로써 살펴본다면 머리털, 손발톱, 피부, 뼈 등은 지기로 가고, 피, 땀, 대소변, 콧물, 침 등은 수기로 가며, 따듯한 기운은 화기로 가고, 들숨 날숨, 움직임 등은 풍기로 가서 사대가 제각기 흩어지면 따로 주인이 없다. 이와 같이 사대가 본래 무주(無主)요, 내 마음이라 여겨오던 분별망심(分別妄心) 또한 인연이 흩어지면 그러한대, 중생들이 자기 법신의 참된 지혜를 미하고 저 사대(四大)와 연려망심(緣慮妄心)을 참 자기라 집착하여 생각 생각에 끝없이 생멸하고 생각 생각에 끝없이 탐진심을 내어 미함을 돌이킬 줄 모르고 있으니 참으로 슬픈 일이 아닌가.

호흡(呼吸)이란 내는 숨이 호(呼)로서 화기(火氣)며 양(陽)에 속하고, 들이는 숨이 흡(吸)으로 풍기(風氣)며 음(陰)에 속한다. 사람의 생사가 바로 이 날숨과 들숨에 매여 있는 것이다.

팔풍(八風)은 기분 좋음을 느끼는 네 가지 바람으로 칭찬, 명예, 이익, 즐거움 따위와, 기분 상함을 느끼는 네 가지 바람으로 쇠퇴, 비방, 꾸지람, 괴로움 따위를 말한다.

上來法語는 如人이 飮水에 冷暖을 自知니 聰明이 不能敵業이며 乾慧가 未免苦輪하나니 各須察念하야 勿以嫭嫛自謾이어다

지금까지 설해온 법어는 물을 직접 마셔본 사람만이 물맛을 알 수 있는 것과 같다. 총명이 능히 업을 대적하지 못하며 메마른 지혜로써는 고통스런 윤회를 면할 수 없는 것이다. 그러므로 제각기 마음을 자세히 살피고 헤아려서 분명치 못한 마음으로 자기를 속이지 말아야 할 것이다.

암아(嫭嫛)는 어떤 일에 의심을 가져 명쾌히 결정하지 못하는 모양을 말한다. 법에 자만하는 이는 자기 눈이 분명하지 못하면서 한갓 총명과 메마른 지혜만을 믿어 여태까지 간절히 일러준 법어대로 실행하지 않으면서 행하는 듯 분에 넘치고 도에 지나친 말로 어름어름 자기와 남을 속이기 일쑤니 이를 제각기 돌이켜 살피도록 경책하신 것이다.

036

學語之輩는 說時似悟나 對境還迷하나니 所謂-言行이 相違者也로다

말만 즐겨 배우는 이들은 말할 때는 아는 듯하다가도 경계에 당하면 도리어 미해 버리니, 이른바 말과 행동이 서로 다르기 때문이다.

이는 위에서 말한 자만(自慢)하는 이의 허물과 그 결과를 다시 한 번 강조해 맺은 것이다.

#037

悟入이 不甚深者는 雖終日內照하나 常爲淨潔에 所拘하며 雖觀物虛나 恒爲境界에 所縛하나니 此人之病은 只在認見聞覺知- 爲空寂知하야 坐在光影門頭也니라 故로 若不深知心體離念則終未免見聞覺知의 所轉하리라

알아 들음이 깊지 못한 이는 비록 종일 안으로 살펴 비춘다 하나 언제나 그저 말쑥함에 얽매이며, 비록 만상이 비었음을 관찰한다 하나 항상 경계에 붙들리고 만다. 이런 사람의 병통은 오직 견문각지(감각기능)를 공적한 영지로 잘못 알아 광영문(신기루) 끝에 앉아 있기 때문이다. 그러므로 만일 마음바탕이 생각 떠나 있음을 깊이 알지 못하면 마침내 견문각지를 따라 옮겨 다님을 면할 수 없는 것이다.

  이는 깨침의 실상을 자칫 그릇되게 안 사람의 병통을 밝힌 것이니 또한 위의 묵조사배(默照邪輩) 같은 유(類)를 말한다.
  옛사람이 이르기를 "마음은 마음을 보지 못한다(心不見心)" 하시며, 또 "마음의 경계가 아니라(非心境界)" 하시며, 또 "주저주저하면 곧 어겨진다(擬心卽差)" 하셨거늘 마음을 일으켜 관조(起心觀照)한다 하니 이미 종지(宗旨)를 잃은 짓이라 하겠다.

#038

法離三世라 不可因果中契니라
법은 삼세를 떠나 있는지라 인과 가운데서 계합하려 함은 옳지 못

하다.

　이는 근본 정법은 인과를 떠나 있음을 밝힌 것이다. 법은 곧 근본 진심을 뜻하고 삼세는 곧 중생이 지음 없는 지혜 가운데 자기 마음을 스스로 속여 허망된 헤아림으로 만든 것이기 때문에 이러한 허망으로는 마침내 진심에 계합치 못할 것은 뻔한 일이 아니겠는가?

#039
須虛懷自照하야 信一念緣起－無生이어다 然이나 無明力大故로 後後長養하야 保任不忘이 爲難하니라
모름지기 마음을 비우고 스스로를 비춰보아 한 생각 반연으로 일어남이 오로지 생겨나는 자취가 없음을 믿어야 한다. 그러나 무명의 힘이 워낙 커서 먼 뒷날에까지 잘 길러 보임해 잊지 않기가 참으로 어려운 것이다.

　이는 인과의 법칙이 분명한 뜻을 밝힌 것이다. 연기(緣起)의 무생(無生)은 돈(頓)으로서 인(因)에 해당하고, 장양(長養)하여 보임(保任)함은 점(漸)으로서 과(果)에 해당한다.

#040
惑本無從이나 迷眞忽起하니라

미혹이 본래 자취가 없지만 참됨을 미하여 문득 일어나는 것이다.

   이는 미혹을 일으키는 인(因)을 밝힘이니, 노끈을 뱀으로 보는 것이나 나무그루터기를 귀신으로 속는 것이 모두 자성이 스스로 공적(空寂)하기 때문이다.

#041
若照惑無本則- 空花三界가 如風捲煙이요 幻化六塵이 如湯消氷하리라
만일 미혹의 근본이 본래 없음을 비춰 살피면 헛꽃과 같은 삼계가 바람이 연기 날리 듯, 그림자 같은 육진을 더운 물이 얼음 녹이듯 하리라.

   이는 미혹의 인연을 비춰 살핌을 밝힘이니, 가죽도 오히려 존재하지 않거늘 털이 어디 붙을 자리가 있으랴.

#042
然이나 此心을 雖凡聖- 等有나 果顯易信이어니와 因隱難明일새 故로 淺識之類는 輕因重果하나니 願諸道者는 深信自心하야 不自屈不自高어다
그러나 이 마음은 비록 범부나 성인에게 동등하게 있어 결과는 나타나 믿기가 쉽겠지만 그 시초는 숨은 듯 밝히기가 참으로 어렵다. 그러므로 배움이 얕은 무리들은 시초는 소홀히 여긴 채 결과만을 중히 여기나니, 원컨대 도를 배우는 이들은 자심을 깊이 믿어 스스

로 굽히거나 높이지 말아야 할 것이다.

    결과(果)는 성인을 말하고 시초(因)는 범부를 말한다. 성인의 경계를 멀리 아득히 여기는 천식(淺識)의 무리들은 자심(自心)은 소홀히 여기고 성인의 지혜만을 중하게 여기나니, 참된 수도인이라면 범부와 성인이 평등한 불변문(不變門)을 보아 스스로 퇴굴치 않을 것이며, 동시에 범부와 성인의 지위가 뚜렷한 수연문(隨緣門)을 따라 스스로 교만하지도 않을 것이다.

#043
悟人은 卽頓見이어늘 迷人은 期遠劫하나니
아는 사람은 대번에 보는데 모르는 사람은 아득한 세월만 기약하나니

    피안(彼岸)과 차안(此岸)의 차이가 아득히 벌어지니, 부처님께서 성도 후 중생계를 둘러보시며 "기이하구나!"라고 탄식하신 것이 실로 이를 두고 하신 말씀이셨다.

#044
經에 云 理雖頓悟나 事非頓除라 하시며 又云 文殊는 達天眞이요 普賢은 明緣起라 하시니라
경에 이르기를 "이치는 비록 대번에 안다 하더라도 일상 습관은

단박에 털어낼 수 없다." 하시며, 또 이르기를 "문수는 천진(天眞-大智)에 도달했고 보현은 연기(緣起-大行)를 밝히셨다."고 하였다.

  이치로는 아는 것이 전광석화와 같아 인(因)에 이미 과(果)를 모두 갖추었고, 사(事)로는 실제로 행(行)함이 궁자(窮子)와 같아 과(果)에 이미 인(因)의 근원을 사무친 것이다.
  그래서 지혜로 각성(覺性)에 도달하고 사행(事行)으로 환상(幻相)을 벗어남을 밝혔다.

#045
善達覺性이 **不因修生**하면 **名正知見**이니라
각성이 닦음을 인해 생긴 것이 아님을 통달해 알면 올바른 지견이라 할 수 있다.

  자성(自性)은 본래 깨끗해서 결코 더러운 분별상이 물들 수 없는 것이다.

#046
大道는 **本乎其心**하고 **心法**은 **本乎無住**하나니 **無住心體-** **靈知不昧**하야 **性相**이 **寂然**하야 **包含德用**하나니라
대도는 그 마음을 근본으로 하고 마음 법은 머무름이 없음을 근본으로 하나니, 머무름 없는 마음의 본체가 영지 불매하매 성품과 모

양이 (함께) 고요하여 만덕의 작용을 다 포함할 수 있는 것이다.

　마음(心)은 부처와 중생의 미하고 깨치는 근본이요, 성품(性)은 텅 비어 자취가 끊어짐이며, 모양(相)은 온갖 모습이 드러나 완연함을 뜻한다. 법(心法)이라는 글자로 "삼세를 떠나 있다"로 (앞 038 단) 시작하여 본단에서 "본래 머묾이 없다"는 말로 귀결(歸結)함으로써 공적영지(空寂靈知)의 뜻을 거듭 밝히려 한 것이다.

047
古德- 云 只貴子眼正이언정 **不貴汝行履處**로라
옛 어른이 이르시길 "오직 자네의 눈이 바른 것만 귀하게 여길 따름이지 자네의 행실(공부해온 과정)은 내 알 바 아니네." 라고 하였다.

　옛날 앙산(仰山)이 "『열반경』 사십 권이 모두 마설(魔說)에 지나지 않는다."고 하였는데 이것이 앙산의 바른 눈이다.
　어느 날 앙산이 위산(潙山)에게 공부지어 갈 행리처(行履處)를 물었는데 위산이 이르시길 "只貴子眼正 不貴汝行履處"라 하셨으니, 이는 먼저 바른 눈이 밝게 열린 뒤에 밟아 가야(行履) 할 방도를 찾을 것임을 보여주신 말이다.

#048

古德-云 若未悟煩惱性空하고 心性本淨則 悟旣未徹이어니 修豈稱眞哉리오 故로 云 迷心修道하면 但助無明하리라 하며 又云 不能了自心하면 云何知正道리오 하시니라

옛 어른이 이르시길 "만일 번뇌의 성품이 공하고 마음의 성품이 본래 청정함을 알지 못하였다면 앎이 이미 철저하지 못하거니 수행인들 어찌 참되다 하리오. 그래서 미한 마음으로 수행함을 다만 무명만 돕는 짓이라 한다." 하며 또 "자심을 요달하지 못하고서 어찌 정도를 안다고 하겠는가?"고 하였다.

금으로 그릇을 만드니 그릇마다 금빛이요,
흙으로 그릇을 만드니 그릇마다 흙빛이네.

#049

先修後悟는 有功之功이라 功歸生滅이어니와 先悟後修는 無功之功이라 功不虛棄라

먼저 수행한 뒤의 앎은 공들인 자취가 있는 공덕인지라 공이 생멸로 돌아가겠지만, 먼저 안 뒤에 수행함은 공들인 자취가 없는 공덕인지라 공이 끝내 헛되지 않으리라.

먼저 깨침(先悟)을 본래 흠집 없는 옥구슬에 비한다면 먼저 수행함(先修)은 문채(紋彩)를 새겨서 그 본래의 덕을 잃어버림과 같은 것이다.

#050
自悟修行은 無能所觀하니 譬如弄傀儡하야 線斷一時休로다
스스로 알고 수행하면 능소(상대적인)의 관이 없으리니(분별심이 끊어짐), 마치 꼭두각시를 놀릴 때 뒤에서 움직여 주는 선이 끊어지면 일시에 갖가지 놀던 동작이 멈추어 버리는 것과도 같다.

이는 무심(無心)만이 도에 계합(契合)함을 밝힌 것이다. 정(定)을 익히는 이는 이치에 칭합(稱合)해 산란심(散亂心)을 모두 섭수(攝受)하므로 반연(攀緣)을 잊는 힘을 들이고, 혜(慧)를 익히는 이는 법을 선택하여 공(空)을 관찰하기 때문에 버리고 없애는 노력[功]이 있어야 하지만, 이 사람은 한 생각도 분별하는 정진(情塵)을 내는 일이 없거니 굳이 반연을 잊는 힘을 쓸 필요가 있겠는가.

#051
法本無縛이어니 何用解며 法本不染이어니 何用洗리오
법은 본래 매임이 없거니 무엇을 풀며, 법은 본래 더러움이 없거니 무엇을 씻으랴.

이는 본래 해탈, 청정 그 자체임을 거듭 밝힌 것이다.

052
不用捨衆生心하고 但莫染汚自性이어다 求正法이 是邪니라

중생심을 버리려 애쓰지 말고 다만 자기 성품을 더럽히지 말라. (따로) 정법을 구하는 마음이 곧 삿된 짓이다.

이는 더러움에 빠지지 말 것을 거듭 밝힌 것이다.

#053
一念情生하면 **卽墮異趣**하리니 **亦名- 守屍鬼子**니라
한 생각이라도 일으켜 (따라가면) 곧바로 엉뚱한 곳에 떨어지리니 이를 '시체나 지키는 귀신'이라고 한다.

  이는 생각 생각이 윤회함을 밝힌 것이다. 정(情)에는 많은 종류가 있고 떨어지는 갈래(趣) 또한 수없지만 근본으로 말하면 대략 3가지가 있으니 탐욕정(貪慾情)은 아귀취(餓鬼趣)를 부르고 진에정(瞋恚情)은 지옥취(地獄趣)를 부르며 치암정(癡暗情)은 축생취(畜生趣)를 부르는 것이다.
  이 모든 것이 오직 지혜가 없어 돌이킬 줄 모르므로 '시체를 지키는 귀신'을 면치 못한다 한 것이다.

054
斷煩惱者를 **名二乘**이요 **煩惱不生**을 **名大涅槃**이니라
번뇌를 끊는다는 생각으로 수행하는 이를 성문 연각의 소승이라 하거니와 그러나 (애초에) 번뇌를 일으키지 않아 끊을 번뇌가 없는

것을 대열반이라 한다.

  번뇌를 끊어야 한다는 생각 자체가 분별심이라 본성을 거역하는 것(逆性)이 되나 애초에 번뇌를 내지 않으면 본성을 따르는 것(順性)이다. 번뇌는 크게 보아 2가지가 있으니 망(妄)을 고집하여 이견(異見)을 내는 것은 이사(利使)라 하고 망(妄)을 인정하여 진(眞)으로 여기는 것을 둔사(鈍使)라고 한다.

055
諦觀殺盜淫妄이 從一心上起라 當處便寂하면 何須更斷이리오
죽이고 훔치고 음행하고 거짓말하는 것이 다 한마음 위에서 일어나는 것임을 자세히 살펴보라. 그 일어나는 곳이 비어 자취를 찾을 수 없는데 무엇을 다시 끊을 것인가?

  이는 성(性)과 상(相)을 한꺼번에 밝힌 것이다.

#056
不識其相하면 賊卽能爲하고 不達其空하면 永不可斷하리라
그 모양을 바로 알지 못하면 여섯 도적이 맘대로 날뛰게 되고 그것의 공함에 도달치 못하면 영원히 끊어 버리지 못할 것이다.

  이는 위의 선수후오(先修後悟)를 맺은 말이다.

#057

經에 云 覺性이 本淨하고 無明이 本空하니 悟此理하야 不生一念이 名爲永斷無明이라하시고 又云 斷斷而無斷하며 修修而無修라 하시며 又云 念起卽覺하라 하시니라

경에 이르기를 "각의 성품이 본래 청정하고 무명이 본래 공적하나니, 이 이치를 알아 한 생각도 내지 않음을 길이 무명을 끊었다고 한다."고 하시고 또 "끊고 끊되 끊음이 없고 닦고 닦되 닦음이 없다." 하시며 또 "생각이 일어나는 즉시 알아 차려야 한다."고 하였다.

　이는 위의 선오후수(先悟後修)를 맺은 말이다.
　"끊되 끊음이 없고 닦되 닦음이 없다."는 말은 헤아려 분별할 자취가 없는 무상(無相) 무념(無念)의 종지(宗旨)를 드러낸 말이다.

#058

先德이 云 修道- 如磨鏡光生하니 雖云磨鏡이나 却是磨塵인달 所言修道도 只是遣妄이라 하시다

선덕이 이르기를 "도를 닦는 것은 마치 거울을 갈아 빛을 내는 것과 같은데 거울을 간다는 말이 실은 티끌을 갈아낸다는 뜻이듯, 수도란 말도 오직 망념을 제거한다는 말이다."고 하였다.

　이는 이제까지의 말을 총결(總結)한 것이다.

#059
八風五欲에 心如日月이면 天堂地獄에 所不能攝하리라
팔풍과 오욕의 (경계를 당해서) 마음이 마치 일월과도 같이 청명하다면 (결코) 천당이나 지옥 따위에 잡히는 일이 없을 것이다.

　팔풍(八風)은 이로움[利], 쇠약함[衰], 훼방[毁], 드날림[譽], 칭찬[稱], 꾸지람[譏], 괴로움[苦], 즐거움[樂] 등 안팎의 환경에서 받아들여지는 느낌이요, 오욕(五欲)은 중생의 육근(六根)에 기본적으로 인식되는 감각적 본능(本能)으로 눈으로 보여 인식되는 빛깔[色], 귀의 소리[聲], 코의 냄새[香], 입의 맛[味], 몸의 부딪침[觸]과 인간으로서 공통적인 다섯 가지 욕망으로 재물[財], 이성[色], 음식[食], 명예[名], 수명[壽], 또는 수면[睡]에 대한 끊임없는 갈망을 뜻한다.
　이는 높이 본심(本心)의 광명을 끌어 잡아 한바탕 천옥(天獄)의 밖으로 뛰쳐나옴을 이른 것이다.

#060
先德이 云 心者- 萬形之模範이요 業者- 一心之影響이라 하시고 又云 一切萬法이 從心幻生하니 心旣無形이라 法何有相이리오 하며
선덕이 이르기를 "마음은 만 가지 형상을 만드는 틀이며 업이란 그 마음의 그림자이다." 하였고, 또 "일체 만법이 오직 마음으로부터 환생하나 마음이 이미 형상이 없는데 법인들 어찌 모양이 있겠는가." 하시며

모(模)는 주물(鑄物)하는 거푸집, 곧 틀을 뜻하고 범(範)은 그에 맞는 마땅한 이치니 곧 법(法)을 뜻한다.

이제부터 이 아래는 널리 환법(幻法)을 인용해 보임으로써 심법(心法)이 본래 공(空)함을 증명해 수행의 근본을 삼으려 하는 것이다.

#061

先德이 亦云 心爲大幻師요 身爲大幻城이며 沙界大幻衣요 名相大幻食이라 凡夫는 不識幻하야 處處에 迷幻業하고 聲聞은 怕幻境하야 昧心而入寂이어니와 菩薩은 識幻境할새 不拘諸名相이라 하시며

선덕이 또 이르기를 "마음은 대환의 스승이요, 몸은 대환의 성이며, 세계는 대환의 옷이요, 이름이나 형상은 대환의 음식이다. 범부는 이 환을 몰라 곳곳에서 환의 업에 미하고 성문은 이 환을 두려워하여 마음을 매각하고 적멸에만 빠지거니와, 보살은 환의 실체를 알므로 그 어떤 이름이나 형상에도 얽매이지 않는다." 하시며

온갖 환상들이 모두 이 한마음에서 나왔으니 참으로 미묘하고 불가사의한 일이다.

062

經에 云 知幻卽離라 不作方便이요 離幻卽覺이라 亦無漸次라 하시니라

경에 이르기를 "환인 줄 알아 바로 떠나면 그뿐, 따로 방편을 지을

필요가 없고, 환을 떠나면 곧 각이라 또한 일정한 차례가 없는 것이다." 하였다.

꿈 속에서 온몸에 종기가 돋아 진땀을 흘리며 불안에 떨다가 문득 꿈을 깨니 한꺼번에 아무 일도 없었다.
방편(方便)이나 차례(漸次)라는 것이 이치로 궁구해 보면 실로 이와 같은 것이다.

#063
離幻者는 如雲散月出하니 非謂無雲이 便名爲月이라 但於無雲處에 見月矣요 非謂無幻이 便是眞如라 但於無幻處에 見眞理矣니라
환을 떠난다는 것은 마치 구름이 흩어짐에 달이 나타나는 것과 같으니, 어찌 구름만 없다고 달이라 하겠는가. 다만 구름 없는 곳이라야 달을 볼 수 있다는 말이다.
(이와 같이) 환이 없다고 곧 진여가 아니다. 환이 없는 곳이라야 진리를 볼 수 있는 것이다.

타향의 나그넷길 불도 없는 밤이지만
집에 보낼 안부 편지 온갖 사연 펼쳐지네.

#064
大抵起心動念하며 言妄言眞이 無非幻也니라

대저 마음을 일으키고 생각을 움직여 거짓이니 참이니 (분별 짓는) 온갖 것이 오로지 환 아닌 것이 없다.

    만리 하늘 뜬 구름 흩어져 없어지니
    휘영청 밝은 달 하늘 가득 떠있네.

禪家龜鑑 卷上 終

선가귀감

하권

禪家龜鑑 卷下

#065
頓悟自性하야 **發三心**하고 **起四信**하야 **廣修萬行**이어다
자성을 돈오하여 세 마음을 발하고 네 가지 믿음을 일으켜 널리 만행을 닦을 것이다.

   이는 큰마음을 내어〔發〕만행의 근본을 삼을 것을 밝힌 것이다. 삼심(三心)은 대비심(悲), 지혜심(智), 대원심(願)을 말하고 사신(四信)은 진여(眞如)와 불(佛), 법(法), 승(僧)을 뜻한다.
   통틀어 사무량심(四無量心)을 권하는 것이니, 사무량심은 자(慈), 비(悲), 희(喜), 사(捨)로서 대승보살의 끝없는 마음이다.

#066
佛法本根源이 **衆生心裏出**이니 **先師-云 一念**에 **齊修八萬行**이라 하시니라
불법의 본래 근원이 중생의 마음 속에서 나왔으니, 선사가 이르시길 "한 생각에 팔만 가지의 미세한 행을 가지런히 닦는다." 하였다.

   이는 자성의 만행(萬行)을 밝힌 것이다.

#067

然이나 衆生이 生無慧目이라 必借善知識의 開示니 故로 親近善友하야 敬事如佛호대 不惜身命하야 諮決衆疑니 先須念念에 自歸三寶하며 自度衆生이어다

그러나 중생이 날 때부터 지혜 눈이 없는지라 반드시 선지식의 열어 보여주심을 빌려야 한다. 그러므로 좋은 벗을 늘 가까이 하여 부처님처럼 공양하며 섬기되 신명을 아끼지 말고 온갖 의심을 물어 해결할 것이며, 먼저 반드시 자성의 삼보에 귀의하여 자성의 중생을 제도할 것이다.

위에서는 올바른 인[正因]을 밝혔고 여기서는 올바른 반연[正緣]을 밝힌 것이다. 선지식은 능히 참됨과 거짓됨을 잘 가려 병을 진단하고 그에 맞는 약을 베풀 줄 아시는 분이라, 열반에 나아가는 인연을 갖춰[具足] 주시고 정법을 일깨워 주심에 한량없는 공덕이 있으신 분이다. 신명을 아끼지 않음은 옛사람이 혹 온몸으로 법에 보답하며, 뼈를 깎아 은혜를 갚으며, 혹은 살을 베어 경전을 쓰시며, 혹은 몸을 사뤄 은덕에 고마움을 표하신 등의 고사(故事)를 말한다.

#068

心淸淨이 是佛이요 心光明이 是法이며 心不二가 是僧이라 又性本知覺이 爲佛이요 性本寂滅이 爲法이며 性上妙用이 爲僧이라 忽得自家底호니 今日에사 方知本來無事로다

깨끗한 마음이 곧 불이요, 밝은 마음이 곧 법이며, 두 마음 아닌 것이 곧 승이다. 또 자성의 본래 지각함이 불이요, 자성의 본래 고요함이 법이며, 자성의 (걸림 없는) 묘용이 승이라. (이 모두가) 문득 내 것임을 깨달으니 오늘에야 비로소 본래 일 없음을 알겠네.

이는 자성삼보(自性三寶)를 밝힌 것이다.
한 얼굴에 세 가닥 눈알이 종(縱)도 횡(橫)도 아니어서 칼이나 도끼로도 도저히 쪼개 열 수 없나니 참으로 지묘난사(至妙難思)로다. 하택(荷澤)은 일구(一句)로 거두어 묶기를 다만 '공적지(空寂知)'라 하였다.

069

經에 云 度衆生하야 入滅度라 하시고 又云 實無衆生得滅度者라 하시니 何也오. 菩薩은 只以念念者로 爲衆生也니 了念體空者는 度衆生也요 念旣空寂者는 實無衆生得滅度者也니라 然則 悟者는 佛也요 迷者는 衆生也요 悲者는 度衆生也요 智者는 了達也요 願者는 勤行也니 皆自性中의 建立事也니라

경에 이르기를 "중생을 제도하여 멸도에 들게 한다." 하시고 또 "진실로 멸도를 얻은 중생이 없다." 하시니 이 무슨 뜻인가. 보살은 오직 생각 생각으로 중생을 삼나니 생각 자체가 공함을 체득해 아는 것이 중생을 제도함이요, 생각이 (이같이) 이미 공적하므로 실로 멸도를 얻은 중생이 없다고 한 것이다. 그렇다면 알면 부처요, 모르면 중생이며, 자비가 곧 중생제도요, 지혜는 사무쳐 앎이며,

발원은 부지런히 실행함이라, 이것이 다 자성 가운데서 건립되는 일인 것이다.

  이는 자성중생(自性衆生)을 밝힌 것이다. 마음이 본래 적멸하므로 중생이나 부처도 또한 적멸한 모습이다. 이 적멸한 마음의 본체가 그 작용에 나아가서는 그릇됨 없음이 곧 계(戒)요, 산란함 없음이 정(定)이며. 어리석음 없음이 혜(慧)요, 일어나지 않음이 지(止)며, 어둡지 않은 영지(靈知)가 관(觀)이요, 진리에 평안함이 인(忍)이며, 끊임없이 한결같음이 곧 진(進)이다.
  여기서는 전체적으로 자성문(自性門)을 밝혔고 이 아래에서는 제각기 닦아 나가는 모습을 밝힐 것이다.

070
然이나 **修行之要**는 **但盡凡情**이언정 **別無聖解**니라
그러나 수행의 요점은 다만 범부의 분별심만을 없앨 것이지 그 밖에 따로 성인이 되어야 한다는 헤아림을 두어서는 안 된다.

  범부의 정(情)이나 성인의 헤아림(解)이 모두가 망견(妄見) 때문이니 그 두 가지의 분별견해(二見)를 다 함께 버려야만 바야흐로 한 성품(一性)에 계합(契合)할 것이다.

#071
經에 云 末世諸衆生이 心不生虛妄하면 佛說如是人은 現世에 卽菩薩이라 하시니라

경에 이르기를 "말세의 온갖 중생이 마음에 허망심만 내지 않는다면 부처님께서 이와 같은 사람을 현세에 곧 보살이라 한다."고 하였다.

　마음이 헛되고 거짓되지 않음〔不虛妄〕은 곧 계정혜(戒定慧)의 힘이다.
　보(菩)란 각(覺)을 뜻하며 살(薩)은 유정(有情) 곧 중생을 뜻하는 범어이니, 보살이란 끊임없이 깨달음을 지향하며 법계를 정화(淨化)하는 향상(向上)의 수행인을 가리키는 말이다.

072
無德之人은 不依佛戒하야 不護三業하고 放逸懈怠하며 輕慢他人하야 較量是非로 而爲根本하나니라

덕이 없는 사람은 부처님의 계율에 의지하지 않고 삼업을 잘 지키지도 않는다. 함부로 놀아 게을리 지내며 남을 업신여겨 언제나 (매사를) 따지고 시비하는 짓만 일삼고 있을 뿐이다.

　계율로써 위에까지의 내용을 종결지음과 동시에 아래 내용을 다시 일으켰다. 한번 심계(心戒)를 파하면 백 가지 허물이 한꺼번에 생기기 때문이다. 『열반경(涅槃經)』에 이르기를 "계를 파한 비구는

몸에 위신(威神)의 덕(德)이 없어진다."고 하였다.

073
經에 云 帶淫修禪은 如蒸沙作飯이요 帶殺修禪은 如塞耳叫聲이며 帶偸修禪은 如漏巵求滿이요 帶妄修禪은 如刻糞爲香이니 縱有多智라도 皆成魔道라 하시며

경에 이르기를 "음란한 행을 버리지 못한 채 참선하는 것은 모래를 삶아 밥을 지으려는 것과 같고, 살생하면서 참선하는 것은 귀를 막고 소리를 지르는 것과 같으며, 도둑질하면서 참선하는 것은 새는 독에 물이 차기를 바라는 것과 같고, 거짓말하면서 참선하는 것은 똥으로 향을 만들려는 것과 같다. 이런 것들은 비록 많은 지혜가 있다 하더라도 다 마군의 길을 이룰 뿐이다." 하시며

　이는 수행규칙의 삼무루학(三無漏學)을 밝힌 것이다. 소승(小乘)은 진리를 깨침(遮法)으로 계를 삼기 때문에 성글게 그 말(末)을 다스리거니와(소승계율은 음계를 앞에 둠) 대승(大乘)은 마음 거둠(攝)으로 계를 삼으므로 자세히 그 근본(本)부터(대승계율은 살생계를 앞에 둠) 끊어야 하는 것이다.
　위에 열거한 네 가지 계에 음행(婬行)은 청정의 본성을 끊고, 살생(殺生)은 자비의 본성을 끊으며, 도둑질(偸盜)은 복덕의 본성을 끊고, 거짓말(妄語)은 진실의 본성을 끊기 때문이니, 이 네 가지의 중계(重戒)는 백 가지 계율의 근본이 되므로 따로 밝혀서 마음에서부터 범하는 일이 없게끔 경계하신 것이다.

삼학(三學)은 몇 가지로 설명할 수 있는데, 기억해 집착하지 않음 〔無憶〕이 계요, 잡념 없음〔無念〕이 정이며, 거짓말하지 않음〔莫妄〕이 혜이다.

　또 계는 도둑을 잡음과 같고 정은 도둑을 포박함과 같으며, 혜는 도둑을 죽여 버림과 같은 것이다.

　또 계의 그릇이 튼튼하고 정의 물이 맑아야 지혜의 달빛이 비칠 수 있는 것이다.

　또 경(經)은 정(定)을 설하였고 율(律)은 계(戒)를 편 것이며, 논(論)은 혜(慧)를 드러낸 것이라 하였다. 이와 같이 삼학(三學)이 만법의 근원이 되므로 따로 밝혀서 미리 허물에 빠지는 일이 없도록 배려하신 것이다.

074

經에 云 若不持戒면 尙不得疥癩野干之身이온 況淸淨菩提果를 可冀乎아 하시며

경에 이르기를 "계를 지니지 않으면 오히려 비루먹은 여우의 몸도 받지 못할 텐데 하물며 깨끗한 보리의 열매를 바랄 수 있겠는가." 하시며

　영산회상에 어찌 몸소 행하지 않으신 부처님이 계실 것이며, 소림문하에 어찌 거짓말하는 조사가 계셨겠는가.

#075

先德이 云 重戒 - 如佛하면 佛常在焉이라하시고 又云 以戒爲師하라 하시니라
선덕이 이르기를 "계율을 부처님처럼 존중한다면 부처님이 항상 곁에 계시는 것과 다름없다." 하시고 또 "계를 스승으로 삼아야 한다."고 하시었다.

　무루(無漏)의 문에 들어가려면 그 옛날 '풀에 매여 있고' '거위를 살려낸' 일 등 선배스님들의 아름다운 유풍(遺風)을 나의 인도자(引導者)로 삼아야 할 것이다.

076

經에 云 欲脫生死인댄 先斷貪欲과 及諸愛渴하라 하시니라
경에 이르기를 "생사에서 벗어나려면 먼저 탐욕을 끊고 애욕의 갈증을 그쳐야 한다."고 하였다.

　애(愛)는 윤회의 근본이요, 욕(欲)은 몸을 받는 인연이다. 아난이 이르기를 "애욕의 기운이 더럽고 혼탁해서 온갖 비린내가 뒤섞여 있다." 하였고, 부처님께서는 "음심을 제거하지 못하고선 중생계를 벗어날 수 없다." 하셨으며, 또 이르기를 "한 번 은애(恩愛)의 정에 결박되기만 하면 사람을 죄악의 문에 끌고 가버린다." 하시며, 또 "이 문을 뚫어 벗어난 이를 번뇌를 벗어난 나한(羅漢)이라 한다."고 하였다. 갈(渴)은 사랑하는 정이 간절함을 뜻하는 말이다.

077

經에 云 無碍淸淨慧- 皆因禪定生이라 하시니 是知超凡入聖하야 坐脫立亡者- 皆禪定之力也로다 故로 云欲求聖道인댄 離此無路라 하시니라

경에 이르기를 "걸림 없는 청정한 지혜가 다 선정의 힘에서 나온다." 하시니, 범부를 뛰어나 성인의 지위에 들며 앉은 채 벗어나고 서서 죽음이 모두 선정의 힘인 줄 알 것이다. 그래서 이르기를 "성인의 길을 추구하려면 이를 두고는 다른 길이 없다."고 하신 것이다.

　이는 계(戒)에 의한 정(定)을 논한 것이다. 계행(戒行)만 있고 정혜(定慧)가 없으면 곧 광신(狂信)의 우치(愚癡)에 빠지게 되며 어느 것이라도 하나에만 치우치게 닦으면 무명(無明)의 사견(邪見)에 빠지기 때문이다.

078

心이 在定則 能知世間의 生滅諸相하리라

마음이 정에 있으면 능히 세간의 생멸하는 온갖 모습을 밝게 알 수 있다.

　이는 정(定)에 의한 혜(慧)를 논한 것이다. 벽 틈으로 비치는 햇살에 온갖 먼지 고물거리고, 물 맑은 연못 바닥에는 온갖 그림자 환하게 비치는 법이다.

　따로 삼학(三學)에 대하여 밝힘은 여기서 마친다. 그러나 하나를

들면 자연히 셋이 다 갖추어 지는지라 어찌 꼭 하나의 모습만을 고집하리오. 이 아래부터는 여러 가지 세밀한 행을 들어서 거듭 이제까지 설한 내용을 보충하는 것이다.

#079

心念不起- 名爲坐요 自性不動- 名爲禪이니라
마음과 생각을 일으키지 않음을 좌라 하고 자성을 움직이지 않음을 선이라고 한다.

　　좌선의 뜻을 밝히려 한다면 불 속의 얼음을 꺼내 보라.

080

見境心不起- 名不生이요 不生이 名無念이요 無念이 名解脫이니라
어떤 경계를 만나서도 마음이 움직이지 않음을 '나지 않음'이라 하니, 나지 않음이 곧 '무념'이요, 무념이 곧 '해탈'이다.

#081

正念을 不忘하면 煩惱- 不生하리니 如云 眼若不睡면 諸夢이 自除니라
바른 생각을 잊지 않으면 번뇌가 나지 않으리니, 마치 눈에 잠이 없으면 꿈은 저절로 없는 것과 같다.

082

修道證滅은 是亦非眞也니 心法이 本寂하야사 乃眞滅也라 故로 曰 諸法이 從本來로 常自寂滅相이라 하니라

도를 닦아 열반을 증득한다 해도 이 또한 진실이라 할 수 없으니, 심법이 본래 적멸함을 알아야 곧 참된 열반인 것이다. 그러므로 이르기를 "온갖 것이 본래부터 언제나 스스로 적멸한 모습이다." 하시었다.

  시(是)도 비(非)도 없어 오직 고요(寂)하고 환(照)할 따름. 묘수보살(妙首菩薩)이 생각으로 헤아리는 동안 유마(維摩)는 입 다문 채(杜口) 묵묵했도다.

#083

若有見正覺하야 解脫離諸漏하야 不着一切世라 하면 彼非證道眼이니라

만일 "바르게 깨닫고 해탈해서 온갖 허물을 떠나 일체 세간에 집착하지 않는다."는 견해를 짓는다면 이는 도를 증득한 눈이라 할 수 없다.

  눈이 스스로 눈을 보지 못하거늘 '눈을 갖추었다'고 한다면 이는 거짓말이다.

#084

見生趣滅은 聲聞見이요 不見生惟見滅은 緣覺見이어니와 法本不生일새 今亦無滅이라 不起二見은 菩薩見이니라

생을 보고 멸도에 나아감은 성문의 견해요, 생을 보지 않고 오직 멸만 보는 이는 연각의 견해이거니와, 법이 본래 남이 없는지라 이제 또한 멸할 것도 없어 두 견해의 (분별을) 일으키지 않는 것을 보살의 견해라 한다.

  본다는 것은 분별상을 일으켜 실제로 인정한다는 말이다.
  함이 없는(無爲造作) 한 법을 보는 견해에 따라서는 가히 천차만별이 되는 것이다.

#085

水澄珠瑩이요 雲散月明이로다 三業- 淸淨에 百福이 俱集하니라

물이 맑으매 구슬이 영롱하고 구름이 흩어지매 달이 밝나니, 삼업이 청정하면 백 가지 복됨이 다 모이는 법이다.

  자성의 구슬을 장식(藏識)의 바다에 빠뜨렸는데 망상(罔象(無念))이 찾아내고, 마음 달이 마(魔)의 구름에 가리었거늘 지혜의 바람이 쓸어버리도다. 삼업(三業)을 정성 다해 기울이매 백복(百福)의 밭이 무성해지는구나.

086

貧人이 來求乞이어든 隨分施與하라 同體大悲가 是眞布施니라

가난한 사람이 와서 구걸하거든 분수껏 나누어 주라. 동체대비가 곧 참된 보시니라.

자타(自他)가 하나가 됨을 곧 동체(同體)라 한다.

087

有人이 來害어든 當自攝心하야 勿生瞋恨하라 一念瞋心起에 百萬障門開니라

누가 와서 나를 해치더라도 마땅히 마음을 잘 거두어서 원한의 마음을 품지 말라. 한 생각 화내는 마음을 일으킬 때 백만 가지 장애의 문이 열리는 것이다.

번뇌가 비록 끝없으나 성냄과 교만보다 더한 것이 없다. 『열반경』에 이르기를 "나를 칭찬하고 해치는 두 가지가 그 마음에는 둘이 없다."고 하였다.

088

若無忍行이면 萬行을 不成하리라

만일 참는 행실이 없다면 만 가지 행을 이루지 못하리라.

만행문이 비록 한없지만 오직 자(慈)와 인(忍)이 근원이 된다.

옛사람이 이르기를 "참는 마음은 환몽(幻夢)과 같고 욕된 경계는 거북의 털〔龜毛〕과 같은 것이다."고 하였다.

#089
凡有下心者는 萬福이 自歸依니라
마음을 낮춰 쓰는 사람에겐 만복이 스스로 귀의하리라.

대해(大海)는 넓기 때문에 능히 온갖 냇물의 왕이 되는 것이다.

#090
生死中에 不失正念이 大力菩薩이니 正念者는 無念也라
생사 가운데서 정념을 잃지 않는 이를 큰 힘을 가진 보살이라 하나니, 정념이란 곧 무념을 뜻한다.

옛 성인이 이르기를 "산수간에서의 선정은 어렵지 않지만 세간 경계를 대해서 생각을 얽어매지 않음이 가장 어렵다."고 하였다.

091
守本眞心이 大精進人也라 又身心不動이 第一精進이니라
근본 참된 마음을 지킬 줄 아는 이를 크게 정진하는 사람이라 하며, 또 몸과 마음을 움직이지 않음이 제일가는 정진이라 하였다.

　정(精)은 뒤섞이지 않음을 뜻하고 진(進)은 물러나지 않음을 뜻하는 말이다.

#092
經에 云 若起精進心하면 是妄이요 非精進이라 하시고 古德이 云 莫妄想하며 休得也하라 하시니라
경에 이르기를 "만일 (내가 지금) 정진을 한다는 마음을 일으키면 이는 망념이라 정진이 아니다." 하시고, 또 고덕이 이르기를 "부디 망상하지 말고 쉬어라."고 하였다.

　망상하지 말라 함은 (조작 없는) 천진불(天眞佛)이요, 망상을 쉼은 본래 불(佛)이 천진한 것이다.

#093
於道에 懈怠者는 常常望後하나니 是는 自棄人也니라
도 닦는 일에 게으른 사람은 언제나 뒤로 미루기만 하는데, 이는 곧 자기를 저버리는 짓일 뿐이다.

　뒤로 미룬다는 것은 가까이 본다면 오늘 내일이요, 멀리 본다면 금생 내생이라, 날이 갈수록 점점 뒤로 미루기만 한다면 참으로 스

스로를 저버리는 짓이 되고 말 것이다.

094
經에 云 持呪는 現業易制라 自行可違어니와 宿業難除라 必借神力이라 하시니라

경에 이르기를 "신주를 외워 가지는 것은 금생에 지은 업은 다스리기가 쉬워 자기 노력으로 고칠 수 있지만 전생의 업은 제거하기가 어려우므로 반드시 신비한 힘을 빌려야 하는 것이다."고 하였다.

　세상 사람들을 보면 바르게 살고 싶은데 자꾸만 삿된 데로 빠지며, 깨끗하고 싶은데 자꾸만 더러워지며, 혹은 덕은 있으나 복이 없으며, 선행을 하는데도 몸에는 흉한 일이 끊이지 않으며, 나아가 악한 일을 하지 않았는데도 화를 당하며 살생을 하지 않았는데도 일찍 죽어버리는 것 등을 가끔 볼 수 있는데 이것이 모두 지난 세의 업력(宿業)인 것이다.
　『능엄경』에 이르기를 "신주(神呪)를 간절히 지송(持誦)하는 이는 비록 오역중죄(五逆重罪)를 지은 자라 할지라도 마치 바람이 모래를 날려 버리듯 없애버려서 반드시 결정코 성불할 것이다."고 하였다.

095
達磨 云 禮拜는 禮者敬也요 拜者伏也니 恭敬眞性하고 屈伏無明이라 하시

고 又云 身口意- 淸淨이라 하시니라

달마가 이르시길 "예배란 공경함이 예이고 굴복함이 배이니, 곧 참 성품을 공경하고 무명을 굴복시킨다는 뜻이다." 하시고 또 "몸과 입과 뜻이 다함께 청정해야 한다."고 하였다.

예배는 자성불(自性佛)께 귀의함이니. 또한 망(妄)을 돌이켜 진(眞)으로 향하는 것이다.

096

念佛은 在口曰誦이요 在心曰念이니 徒誦失念하면 於道에 無益하리라

염불은 입에만 있으면 송불이요, 마음에 있을 때 염불이라 하나니, 한갓 입으로만 외우고 생각으로는 잃어버린다면 도 닦는 데 무슨 소용이 있으랴.

마음으로는 부처님의 경계를 반연하여 기억해 잊지 말고 입으로는 부처님의 명호를 일컬어 분명하여 어지럽지 않으므로 염불이라 하는 것이다.

#097

五祖- 云 守本眞心이 勝念十方諸佛이라 하시고 六祖- 云 常念他佛하야는 不免生死어니와 守我本心하야사 卽度彼岸이라 하시니라

오조가 이르기를 "근본 참된 마음을 지키는 것이 시방제불을 생각

하는 것보다 낫다." 하시고, 육조가 이르기를 "아무리 다른 부처님을 염하여도 생사를 면하기는 어렵지만 오직 나의 본심을 지키면 바로 피안에 도달할 수 있는 것이다." 하였다.

　이 아래부터는 모든 종사들께서 바로 실교(實敎)의 즉심즉불(卽心卽佛)을 드러내 보여 권교(權敎)의 구생정토(求生淨土)를 척파(斥破)하시니, 가히 단약 한 알을 쇠에 찍어 금을 이루듯, 한마디의 지극한 이치로 범부를 개혁해 성인을 이루는 것이다(革凡成聖).

#098
念念에 見性하야 常行平等하면 往如彈指하야 便覩彌陀하리라
생각 생각에 자성을 보아 언제나 평등을 행하면 왕생함이 손가락 튕기는 순간과 같아 바로 아미타불을 친견할 수 있으리라.

#099
迷心念佛이 有取捨義하니 欣彼極樂이 爲取요 厭此娑婆가 爲捨니라 經에 云 種種取捨가 皆是輪廻라 하시니라
마음을 모르고 염불하는 이는 취사의 생각을 벗어나지 못하나니, 극락을 좋아하는 마음이 '취'요, 사바세계를 싫어하는 마음이 '사'다. 경에 이르기를 "갖가지 가지고 버리려는 (분별의) 마음이 모두 이 윤회인 것이다." 하였다.

사바(娑婆)는 범어(梵語)인데 여기서는 감인(堪忍)이라 번역한다. 이 세계 사람이 온갖 고통을 견디고 참아야 살 수 있기 때문이다.

#100
佛向性中作이언정 莫向身外求어다 性迷卽凡이어니와 性覺卽佛이니라
부처를 성품 가운데서 지을 것이지 몸 밖에서 구하지 말라. 이 성품을 몰라 범부지만 성품을 알면 곧 부처이기 때문이다.

#101
淨名이 云 迷人은 念佛求生이어니와 悟人은 自淨其心이라하시고 又云 心淨하면 佛土淨이라 하시며 又云 淨穢- 在心이언정 何關國土리오 하시니라
정명이 이르기를 "모르는 사람은 염불해서 정토에 나기를 원하지만 아는 사람은 스스로 그 마음을 깨끗이 할 따름이다." 하시고 또 "마음이 깨끗하면 불토도 깨끗하리라." 하시며 또 "더럽고 깨끗함이 마음에 있는 것이지 국토에 무슨 관계가 있으랴."고 하였다.

#102
先德이 云 大抵衆生이 識心自度언정 佛不能度衆生하나니 佛若能度인댄 過去諸佛이 已恒沙無量하사대 何故로 我等이 今不成佛고 故知 自不修道하고 徒望淨土者- 錯矣로다 하시니라
선덕이 이르기를 "대저 중생이 마음을 알아 스스로 건널지언정 부

처가 능히 중생을 제도하지 못하는 것이다. 부처가 만일 중생을 제도한다면 과거세로부터 수없는 부처님이 출현하셨지만 어째서 우리들은 아직까지 성불하지 못하고 있는가? 그러므로 알라. 스스로 수도하지 않고 한갓 정토에 나기를 바라는 것이 어찌 착각이 아니랴." 하였다.

세전(世典)에 이르기를 "선생의 재주가 비록 드넓고 능하지만 줄 없는 거문고를 어찌 연주하겠으며, 오소리 몸이 비록 뜨겁다고는 하나 죽은 사람을 어찌 데울 수 있으랴." 하였고 불경(佛經)에 또한 이르기를 "큰 의사가 능히 일체 병을 다 치료한다 하나 이미 죽은 사람은 치료할 수 없듯, 대각(大覺)께서 능히 일체 중생을 다 제도한다 하나 믿지 않는 사람은 제도할 수 없다." 하였으니 이로 본다면 믿음 없는 사람이 제 스스로 수도(修道)하지도 않고서 정토에 나기를 바람이 어찌 천착만착(千錯萬錯)이 아니겠는가?

評曰 上來諸德은 直指一心하시고 別無方便하시니 理實如是어니와 然이나 迹門에 實有極樂世界하야 阿彌陀佛이 有四十八大願하시니 凡念十聲者는 承此願力하야 必往生蓮胎하야 徑脫輪廻하나니 三世諸佛이 異口讚嘆하시며 十方菩薩이 同願往生이온 又況古今往生之人이 傳記에 昭昭하시니 願諸行者는 愼勿錯認이어다 但除其病이언정 不除其法이니라

평(評)하는 말: 위에 열거한 많은 분들의 말씀은 바로 한마음을 가리켰을 뿐 다른 방편이 없다. 이치로 본다면 참으로 그렇지만 그러나 자취의 문에서 본다면 실제로 극락 세계에 아미타불의 사십팔

대원이 있어서 (그에 따라) 열 번을 간절히 염하는 자는 이 원력의 힘을 입어 반드시 연화대에 왕생하여 윤회를 벗어나게 되는 것이다. (이 사실을) 삼세 제불이 다함께 찬탄하셨고 시방 보살이 모두 함께 왕생하기를 원치 않은 이가 없었다. 하물며 고금에 왕생한 사람들의 이야기가 전기에 분명하게 기록되어 있거니, 수행하는 이들은 잘못 알지 말기를 바란다. 그 (분별집착의) 병통만을 제거할 것이지 그 법까지 버려서는 안 되는 것이다.

이는 자취문(迹門)에 의지하여 염불 방편을 한쪽으로 찬탄한 것이다. 방편(方便)이란 어느 한 법을 가져 마땅한 제근(諸根)에 적용해 쓰는 것이니(方將一法 便逗諸根) 모든 부처님들께서 잘 쓰시는(善巧) 법이다.

범어(梵語)에 아미타는 무량수(無量壽), 또는 무량광(無量光)의 뜻으로 번역하면 시방 삼세를 통틀어 제일가는 부처님의 명호이시다. 인행시의 이름이 법장 비구(法藏比丘)였으며, 세자재왕 부처님을 만나 뵙고 사십팔대원을 발한 바 있었다. 그 중에는 "내가 부처를 이룰 때는 시방 모든 세계에 있는 하늘이나 사람이나 벌레에 이르기까지 누구라도 나의 이름을 열 번만이라도 부르는 중생이 있다면 반드시 나의 나라에 와서 나리라. 이 원이 이루어지지 않는다면 나는 마침내 성불치 않으리라."는 원도 포함되어 있다. 그래서 선성(先聖)이 이르기를 "부처님 명호를 부르는 한 소리에 천마(天魔)까지도 경외(敬畏)하는 마음을 내고 귀신의 명부에서 이름이 지워지며 극락의 연지(蓮池)에서는 한 송이 연꽃봉우리가 생겨난다."고 하셨으니 윤회의 고통을 빨리 벗어나고 싶다면 다만 일심으로 염불함이 가장 첩경이 되는 줄 알아야 할 것이다.

　참법(懺法)에 이르기를 "자력(自力)과 타력(他力)이 빠르고 더딤의 차이가 있으니 고해를 건너려는 이가 나무를 심어 길러서 배를 만들어 건너려 한다면 이는 자력수행(自力修行)인지라 오래 걸리고 더딜 수밖에 없지만, 바로 배를 빌어 고해를 건넘은 부처님의 힘을 입어 벗어남이라 빠를 수밖에 없다." 하였으며, 또 "자력은 수없는 세월을 경과해야 하지만 부처님의 위신력을 빌리면 순식간의 일이다." 하였고, 또 "어린아이가 물불의 화급함을 당해 큰 소리로 부르짖으면 부모가 들으시고 만사를 제쳐놓고 달려와서 구원해 주듯, 사람이 목숨을 마칠 때에 큰 소리로 부처님의 명호를 부르면 저 부처님께서는 천안(天眼)과 천이(天耳) 등을 갖추신지라 반드시 보고 듣고 오셔서 맞이해 주신다." 하였으니 아미타불의 대비대원은 실로 부모님보다 더욱 뛰어나시고 중생의 생사 고통은 물이나 불보다도 더한 것이다.

　어떤 사람이 말하기를 "유심(唯心)이 정토(淨土)라 정토는 나는 것이 아니요, 자성(自性)이 미타(彌陀)라 미타는 보는 것이 아니다." 한다면 이 말이 과연 옳은가? 그렇지 않다. 저 부처님은 탐진(貪瞋)이 없으신데 나도 또한 과연 탐진이 없는가? 저 부처님은 지옥을 연화세계로 변하게 하기를 손바닥 뒤집듯 하시거니와 나는 나의 업력(業力)으로 지옥에 떨어질까 늘 두려워하기도 바쁜데 하물며 연화세계로 변하게 할 수 있는가? 저 부처님은 다함없는 세계를 마치 목전(目前)처럼 자세히 관찰하시거니와 나는 담장 밖의 일도 오히려 모르거늘 하물며 시방세계를 목전에 대하듯 하겠는가? 그러므로 탐진치가 비록 공(空)하다 하나 능히 지옥고를 부르고 지옥고가 비록 공하다 하나 공함만으로는 그 고통을 감내하기가 어려운 것이다.

밀사(宗密師)가 이르기를 "자심에 체공(體空)과 성사(成事)의 두 뜻이 있으니 설사 실제로 돈오(頓悟)했다 하더라도 마침내 반드시 점수(漸修)해야 한다." 하시니, 어찌 천생의 석가나 자연의 미타가 있겠으며, 또 하물며 마명(馬鳴)이나 용수(龍樹) 같은 분들도 실로 다 조사(祖師)지만 간곡한 말씀으로 깊이 왕생을 권하였거늘 나는 어떤 사람이건대 왕생하려 하지 않겠는가.

또 "제각기 스스로를 헤아려 보라. 사람이 물을 마실 때 차고 더움을 스스로 알 것이니, 임명종시에 나고 죽고 가고 옴을 마음대로 자유롭게 할 수 있는가? 만일 그렇지 못하다면 한때의 교만심으로 도리어 영겁의 지옥고를 부르는 일이 없도록 하라." 하시며, 또 부처님께서 스스로 이르시기를 "서방이 이곳에서 십만팔천 리 밖에 있다."고 설하셨는가 하면 다시 "이곳에서 멀지 않다."고도 하셨으니, 왜 그러한가? 사람마다 근기(根機)가 이둔(利鈍)의 차이가 있으므로 그에 따라 가르침에도 권(權)과 실(實)의 차이가 있고, 말씀 또한 나타내시기도(顯) 하며 비밀하시기도(密) 하신 것이니, 법왕(法王)의 법 가운데는 죽이고 살림을 자재하게 하시기 때문이다.

똑똑한 사람들은 이를 거울삼아 모름지기 자기 얼굴의 깨끗하고 추함을 분간할지언정 한 모퉁이에만 막혀서 시시비비하지 말기 바란다.

103
聽經은 **有經耳之緣**과 **隨喜之福**하니 **幻軀**는 **有盡**이어니와 **實行**은 **不亡**이니라
경전의 법문을 들으면 귀를 거친 인연과 따라 기뻐한 복이 있게 되나니, 그림자 같은 이 몸은 없어질 때가 있거니와 진실한 행은 결코 없어지지 않는 것이다.

 이는 지혜롭게 배움을 밝힌 것이니 마치 금강을 먹은 것과 같고 칠보를 베푼 것보다 뛰어난 것이다. 영명 선사가 이르기를 "듣고서 믿지 못하더라도 오히려 불종(佛種)에 연(緣)을 맺고, 배워서 이루지 못하더라도 오히려 인천(人天)의 복을 덮는다."고 하였다.

104
看經을 **若不向自己上**하야 **做工夫**인댄 **雖看盡萬藏**이라도 **猶無益也**니라
경전을 볼 때 자기를 향해 공부를 짓지 않는다면 비록 팔만장경을 다 본다 하더라도 아무런 이익이 없으리라.

 이는 어리석게 공부함을 경책하는 말이니 봄새는 낮에 재잘거리나 가을벌레는 밤에 우는 법이다.
 종밀 선사가 이르기를 "글자나 알려고 경전을 보는 것으로는 애초에 증오(證悟)할 수 없고, 글귀나 따지며 뜻이나 해석하려는 태도로는 오히려 탐진(貪瞋)의 사견(邪見)만 치성(熾盛)해질 뿐이다."고 하였다.

#105
或有不窮世出世에 善惡因果- 皆從一念起者는 居常時中에 輕御自心하야 不解省察하나니 以故로 雖有看經과 及禪偈에 忽然得意之時라도 但卽時欣幸이요 後便輕擲하야 不加決擇하고 反逐塵緣하야 念念流轉하나니 豈有成辦之期리오

세・출세간을 막론하고 선악의 인과가 모두 한 생각을 좇아 일어나는 것임을 헤아리지 못하는 사람은 평소 생활 속에서 마음 다스림을 소홀히 여겨 돌이켜 살필 줄 모르나니, 그래서 비록 경전이나 게송을 볼 때 가끔 뜻을 얻을 때가 있더라도 그 순간에만 잠시 기쁘고 다행히 여길 뿐, 뒤돌아서면 금방 가벼이 버려 결택을 더하지 못하고 도리어 육진인연을 좇아 생각마다 윤회에 유전하고 만다. (이래서야) 어찌 판단해 이룰 기약이 있으랴.

#106
學者- 不能返照自心에 煩惱性空하면 故로 但將聰慧하야 終年竟世토록 數他珍寶하리라

학자가 능히 자기 마음에 번뇌의 성품이 공적함을 돌이켜 비추지 못한다면 다만 총명함만을 믿어 늙어 죽도록 남의 보배만 헤아리다 마는 꼴이 되리라.

　　냄새 나는 옛 종이나 뚫을 줄 알았지
　　나의 보배는 까맣게 잊고 있었네.

#107

凡人이 多於教法上에 悟하고 不於自心上에 悟하나니 雖至成佛이라도 皆謂之聲聞見이니라
무릇 많은 사람들이 교법 위에서만 알려고 하고 자심 상에서는 알지 못하나니, 비록 성불한다 하더라도 다 성문의 견해라 할 수밖에 없다.

　오직 나의 모름만을 분하게 여기는 마음으로 항하사와 같은 교법을 샅샅이 다 훑어 헤아리려 하니 이런 사람이 어찌 설함 없음이 곧 진승(眞乘)인 줄을 알겠는가.

#108

先德- 云 迷人은 向文字中求悟어니와 悟人은 向自心而覺하며 迷人은 修因待果어니와 悟人은 了心本空이라 하시고
선덕이 이르기를 "모르는 사람은 글자 속을 향해서 알기를 구하나 아는 사람은 자심을 향해서 깨달으며, 모르는 사람은 인을 닦아 과를 기다리지만 아는 사람은 마음이 본래 공적함을 요달한다." 하였고

　그물이 곧 생선이나 토끼는 아니요, 쌀겨 찌꺼기가 곡식의 본 맛은 아니다.

#109
祖師- 云 千經萬論이 莫過守本眞心이라 하시니라
조사께서 이르기를 "천경 만론이 근본 진심을 지키는 데 지나지 않는다." 하였다.

  이는 위의 내용을 총결하여 말세에 어리석게 배우는 이들이 문자에 집착하지 않고 부디 자기에게 돌이키도록 거듭거듭 경책하신 것이다.

#110
直饒講得千經論이라도 也落禪家第二機리라
비록 천경 만론을 종횡으로 자신 있게 강설할지라도 또한 선가의 제2기에 떨어지고 말리라.

  교리에 의지함과 교리를 벗어남이 우열(優劣)이 아득하니, 비록 바다 속에서 건진 천 개의 보배 구슬이라 한들 어찌 격외(格外)의 한 보배만 하리오.

#111
先德이 云 一法을 通하면 萬法이 自通하나니 故로 好博聞者는 不知道라 하니라
선덕이 이르기를 "한 법을 통하면 만법이 저절로 통하나니, 그러

므로 널리 주워 듣기만을 일삼는 자는 도를 알지 못한다." 하였다.
한 법이란 이름도 모양도 없는 것이라 천 생각 만 궁리가 저 도에는 도무지 무익한 것이다.

112
學未至於道하고 衒耀見聞하야 徒以口舌辯利로 相勝者는 如厠屋에 塗丹矐이니라
배움이 도에 이르지 못하고 보고 들은 것만 자랑삼아 한갓 혀끝의 말재주로만 서로 이기려고 다툰다면 이는 마치 변소에다 단청하는 격이다.

#113
學本修性이어늘 豈慍人之不知며 道本全生이어늘 何蘄世之爲用이리오
배움이란 본래 성품을 닦는(연마) 데 뜻이 있거늘 어찌 남이 알아주지 않는다고 서운해 할 것이며, 도는 본래 생을 온전히 하자는 데 뜻이 있거늘 어찌 세상에 쓰임을 즐겨 구할 것인가.

　위의 세 구절은 사람의 분별 사량심을 위한 배움을 깊이 배척하여 구절마다 도(道)라는 글자로 귀결지은 것이다.
　이같이 마음이 곧 도(卽心爲道)라 함은 흡사 흐르는 줄기를 찾아 근원을 얻음(尋流得原)과 같은 것이다.

114

出家人- 習外典은 如以刀로 割泥니 泥無所用이요 而刀- 自傷焉이니라

출가한 사람으로서 외전을 익히는 것은 마치 칼로 흙을 베는 것과 같아서 흙에는 아무 소용이 없는데 칼만 저절로 망가지고 만다.

겨우 문 밖에 벗어난 사람
무엇 하려 다시 불난 집에 들어가는가?

115

出家爲僧이 豈細事乎아 非求安逸也며 非求溫飽也며 非求利名也라 爲生死也며 爲斷煩惱也며 爲續佛慧命也며 爲出三界하야 度衆生也니라

출가하여 중이 되는 것이 어찌 작은 일이랴.
편안하고 한가롭게 지내려는 것도 아니며, 따뜻이 입고 배불리 먹으려는 것도 아니며, 명예나 재물을 구하려는 것도 아니다. 나고 죽음을 면하려는 것이며, 번뇌를 끊으려는 것이며, 부처님의 혜명을 이으려는 것이며, 삼계를 뛰어나 일체 중생을 건지기 위해서인 것이다.

116

經에 云 無常之火가 燒諸世間이라 하시고 又曰 衆生苦火가 四面俱焚이라 하시며 又云 諸煩惱賊이 常伺殺人이라 하시니 道人은 宜自警悟하야 如救頭燃이어다

경에 이르기를 "덧없는 불꽃이 온 세상을 태워 버린다." 하였고 또 "중생들의 고통스런 불꽃이 사방에서 한꺼번에 붙어온다." 하였으며, 또 "온갖 번뇌의 도적이 호시탐탐 너희들을 죽이려 엿보고 있다."고도 하였다. 마땅히 스스로 알아차리고 경계하여 머리에 붙은 불을 황급히 끄듯 해야 할 것이다.

　무상(無常)이라는 귀신은 무엇이든 죽임으로 재미를 삼나니 천지도 오히려 끝나고 다할 때가 있거늘 하물며 만물이겠는가. 추위 더위가 오고 감과 해와 달이 뜨고 짐과 나아가 꽃이 피고 잎이 짐과 생각생각 일어났다 사라지는 일체 순간들이 모두가 항상됨이 없는〔無常〕것이다. "고통스런 불꽃이 사방에서 태워온다."는 말은 중생의 생로병사를 비유한 것이다.

117
貪世浮名은 **枉功勞形**이요 **營求世利**는 **業火加薪**이로다
세상의 뜬 이름을 탐착함은 쓸데없이 몸만 괴롭히는 짓이요, 명예나 이익을 따라 헤맴은 업의 불에다 섶을 더 보태는 짓이다.

　세간의 명리란 불이 잘 붙는 섶과 같으니, 『법화경』에 이르기를 "거칠게 가려진 색성향미 등은 불을 붙이는 도구니 부디 탐하지 말라." 하셨는데 이 말씀이 곧 그 뜻이다.

118

先德이 云 名利衲子는 不如草衣野人이라 하니라

선덕이 이르기를 "이름이나 재물 따위를 좇아 탐하는 수행인은 초야에 묻혀 사는 시골사람만도 못하다." 하였다.

末世에 羊質虎皮之輩- 不識廉恥하고 望風隨勢하야 陰媚取寵하나니 噫라 其懲也夫인저

말세에는 양의 얼굴에 범의 껍질을 쓴 무리들이 부끄럽고 수치스러운 것도 모른 채 바람 따라 권세에 아부하며 잘난 양 총애 받기를 좋아하나니, 슬프다! 반드시 머지않아 증험할 것이다.

    말세의 불자들 중에는 마음이 세상 명리에 물들어 수치와 부끄러움을 잊고 풍진을 좇아 치달리다 도리어 세상의 웃음거리가 되는 이가 많다.
    풍세(風勢)나 취총(取寵)은 모두 권력가에 빌붙어 아부하는 짓을 말한다. 명리납자(名利衲子)를 양질호피(羊質虎皮)에다 비유하여 증험(證驗)시킴에 '징야부(懲也夫)' 3글자로 맺었는데 이 글은 장자(莊子)에 쓰인 말을 인용한 것이다.

#119

先德이 云 末世佛法이 變於人情하야 以世利로 賤賣하니 可悲로다 하시고

선덕이 이르기를 "말세에는 부처님 법이 인정 따라 변질되어 세간의 이익을 위해 천하게 팔려 버릴 것이니 슬픈 일이다." 하였고

#120

經에 云 云何賊人이 假我衣服하고 裨販如來하며 造種種業고 하시니라
경에 이르기를 "어찌하여 도적들이 나의 의복을 훔쳐 입고 부처를 팔아 갖가지 악업을 짓는고." 하시었다.

末法에 比丘- 有多般名字하리니 或鳥鼠僧 或啞羊僧 或禿居士 或地獄滓 或披袈裟賊이라 噫라 其所以以此일새니라
말법세상이 되면 박쥐중, 벙어리염소중, 머리 깎은 거사, 지옥 찌꺼기, 가사 입은 도적놈 등등, 여러 가지 이름의 비구가 생길 것이니, 슬프다! 그 행실이 그것과 같기 때문이다.

　이는 통틀어 위의 글을 결론 맺은 것이다. 정법을 파는 것뿐 아니라 부처님까지도 팔아 인과도 무시하고 죄복까지 물리쳐 행동이나 입이 난잡하고 다투어 증애심(憎愛心)을 일으키니, 슬프고 한탄스러우며 가슴 쓰릴 일이다.
　중도 속인도 아닌 것을 박쥐라 하고, 설법하지 못하는 중을 벙어리염소라 하며, 스님 모습에 속인의 마음을 머리 깎은 거사라 하고 죄가 무거워도 뉘우치지 않는 것을 지옥 찌꺼기라 하며, 부처님을 팔아 생계를 영위하는 것을 가사 입은 도적이라 하거니와 이 가사 입은 도적으로 다른 많은 이름들까지 증명할 수 있으므로 '이차(以此)'라는 두 글자로 결론내렸으니 이것은 노자(老子)의 말을 인용한 것이다.

121

於戱라 佛子의 一衣一食이 莫非農夫之血이며 織女之苦니 道眼을 未明하면 如何消得이리오

아, 불자여! 그대의 한 그릇 밥과 한 벌 옷이 곧 농부의 피와 직녀의 땀 아님이 없거늘, 도의 눈을 밝히지 못하면 어떻게 삭여낼 것인가?

『전등록』에 이르기를 "한 도인이 도의 눈을 밝히지 못했으므로 마침내 신도 집 밭의 버섯이 되어 시은(施恩)을 갚았다."고 하였다.

122

故로 曰 要識披毛戴角底麽아 卽今에 虛受信施者- 是라 하거니와 有人은 未飢而食하며 未寒而衣하니 是誠何心哉아 都不思目前之樂이 便是身後之苦也로다

그러므로 이르기를 "털을 쓰고 뿔을 이고 있는 것이 무엇인 줄 아느냐? 곧 오늘날 신도의 보시를 헛되이 받아먹는 이들의 뒷날 모습이 그것이니라."고 하였거니와 그런데 어떤 사람들은 배고프지 않아도 끊임없이 먹고 춥지 않아도 화려하게 꾸며 입으니 이 무슨 마음인지 참으로 딱한 일이다. 눈앞의 쾌락이 뒷날의 괴로움이 되는 줄 도무지 생각지 않는구나.

지론(智論)에 이르기를 "한 수도인이 좁쌀 다섯 낱을 훔쳐 먹고는 뒷날 소의 몸을 받아 살아서는 뼈가 닳도록 일을 해서 갚고 죽어서

는 가죽과 고기로써 갚았다." 하니, 헛되이 신시(信施)를 받는 과보가 이처럼 그림자나 메아리와도 같은 것이다.

123

故로 曰 寧以熱鐵로 纏身이언정 不受信心人衣하며 寧以洋銅으로 灌口언정 不受信心人食하며 寧以鐵鑊에 投身이언정 不受信心人房舍等이라 하시고
그래서 "차라리 뜨거운 철판을 몸에 두를지언정 신심 있는 이가 주는 옷을 받지 않을 것이며, 차라리 쇳물을 마실지언정 신심 있는 이가 주는 음식을 먹지 않을 것이며, 차라리 끓는 가마 속으로 뛰어들지언정 신심 있는 이가 지어주는 집에 살지 않으리라."고 하였고

위의 보인 보살의 대원은 『범망경』 「심지법문품」에 갖추어 있다.

124

故로 曰 道人은 進食을 如進毒하며 受施를 如受箭이어다 하시니 幣厚甘言은 道人所畏니라
그러므로 "수도인은 음식을 먹을 때 독약을 먹듯 하고 보시를 받을 때엔 화살을 받듯 하라." 한 것인데 두터운 대접과 달콤한 말은 실로 수도하는 사람이 가장 두려워해야 할 바이다.

#125
故로 曰 逆境界는 易打어니와 順境界는 難打라 하시고
그러므로 "역경계는 극복하기가 쉽지만 순경계는 오히려 거역하기가 어렵다."고 하였고

   역순(逆順)의 경계는 다 아상(我相) 때문에 생기는 것이다.

126
故로 曰 修道之人은 如一塊磨刀之石하니 張三也- 磨來하며 李四也- 磨來하야 磨來磨去하야 別人刀는 快而自家石은 漸消어늘 然이나 有人은 更嫌他人이 不來我石上磨하나니 實爲可惜이로다 하시며
또 "도를 닦는 사람은 한 개의 숫돌과 같아서 장서방이 와서 갈고 이서방이 와서 갈아, 들고 나며 갈아 가면 남의 칼은 잘 들겠지만 나의 돌은 점점 닳아 없어지게 될 것이다. 그런데도 어떤 사람들은 도리어 남들이 와서 니의 돌에 칼을 갈지 않는다고 걱정하고 있으니 참으로 딱한 일이다." 하였으며

   이는 위의 경계를 해석한 것이다.

127
故로 古語에 亦有之曰 三途苦- 未是苦라 袈裟下에 失人身이 始是苦라 하시니라

그러므로 옛말에 또 이르기를 "삼악도의 고통을 고통이라 할 수 없으니, 가사를 입었다가 사람의 몸 잃는 것이야말로 참으로 돌이킬 수 없는 고통인 것이다."고 하였다.

"어희(於戱)라"에서 시작하여 조목조목 옛말을 인용하여 결론지어 마쳤다. 중간에 여러 글을 끌어다가 인증하였으므로 "고왈(故曰)"을 연이어 썼거니와 이것도 문법의 일단이라 할 수 있다.

128

咄哉라 此身이여 九孔에 常流하고 百千癰疽에 一片薄皮로다 又云 革囊에 盛糞이요 膿血之聚라 臭穢可鄙니 無貪惜이로다 何況百年을 長養한들 一息에 背恩하나니

우습다, 이 몸이여! 아홉 구멍에서는 항상 더러운 것이 흘러나오고 백천 가지 부스럼덩어리를 한 조각 엷은 가죽으로 싸놓았구나. 또한 가죽주머니에는 똥이 가득 담기고 피고름뭉치라, 냄새 나고 더러워 조금도 탐하거나 아까워할 것이 없다. 더구나 백 년을 잘 길러준대도 숨 한 번에 은혜를 등지고 말지 않는가.

아홉 구멍은 얼굴의 일곱, 아래의 두 구멍을 말한다. 위에 말한 모든 업들이 다 이 몸뚱이 때문일새 탄식하는 소리[咄哉]를 먼저 하고 특별히 그 더러운 허물을 밝힘으로써 수도인으로 하여금 탐하고 아끼는 마음을 없애 주려는 것이다. 이 몸은 그야말로 똥 무더기라 언제나 더러움이 이와 같은데 거기다가 바르고 부지런한 행

실(行實)까지 갖추지 못하였다면 그 누추(陋醜)함이 이를 데 없어 온갖 선신(善神)까지 다 달아나 버리고 말 것이다.

『위의경(威儀經)』에 이르기를 "더러운 손으로 경전을 만지거나 불전에 들어가면 뒷간 벌레가 되는 보(報)를 받는다." 하였고, 또 "무릇 변소에 들어갈 때는 먼저 반드시 손가락을 세 번 튕겨 변소귀신이 놀라지 않게 하고, 침 뱉거나 말하거나 낙서하지 말고, 다섯 가지 입측(入厠)의 진언(眞言)을 각 일곱 편씩 외우며 일을 본 뒤에는 반드시 깨끗이 씻어야 한다. 다섯 가지 진언을 외우지 않으면 비록 항하사 물로 씻는다 해도 몸이 더러우리라." 하며, 또 "씻을 때는 반드시 냉수를 사용하고 손은 나무 태운 재(비누)를 사용해 씻으라."고 하였다. 이렇게 변소 가고 씻는 일 또한 수도하는 사람의 일용행실(日用行實)이므로 간략히 경문을 인용하여 여기에 붙여 적은 것이다.

#129

大抵道人은 宜應端心하야 以質直으로 爲本이니 一瓢一衲으로 旅泊無累니라 出言을 涉典章하며 說法을 傍稽古어다 語是心苗니 豈恣胸臆이리오

대저 수도하는 사람은 마땅히 마음을 단정히 해서 검소하고 곧은 마음으로 근본을 삼아야 한다. 표주박 한 개와 누더기 한 벌로 나그네 머물 듯 걸림이 없어야 하는 것이다. 말을 할 땐 경전의 이치를 잘 설명하며, 법을 설할 땐 삼가 옛 모범을 본받을 것이다. 말이란 곧 마음의 싹이니 어찌 허황한 짐작으로 함부로 방자히 하겠는가.

이는 '질직(質直)'이란 두 글자에 대하여 설명한 것이다.

130
佛이 云 心如直絲하라 하시고 淨名이 云 直心- 是道場이며 直心이 是淨土라 하시니라

부처님께서는 "마음을 곧은 실과 같이 하라." 하셨고, 정명은 "바른 마음이 곧 도량이며, 바른 마음이 곧 정토라."고 하였다.

이는 위의 글을 결론지은 것이다.

131
有罪卽懺悔하고 發業卽慙愧하면 有丈夫氣象하니라 改過自新하면 罪隨心滅하며 知非底一念이 成佛作祖基本이니라

허물이 있거든 곧 참회하고 악업이 생겨나려 할 때엔 바로 부끄러워할 줄 알아야 대장부의 기상이라 할 수 있다. 허물을 고쳐 스스로 새로워지면 죄업은 그 마음을 따라 없어질 것이니, (이같이) 그릇된 허물을 살펴 아는 한 생각이 곧 불조를 이루는 기본인 것이다.

참회(懺悔)란 이미 저지른 허물을 뉘우치는 마음을 참(懺)이라 하고 그 허물 때문에 잘못되어진 과실(過失)을 바로잡아 고치는 것을 회(悔)라 하며, 참괴(慙愧)는 잘못된 내 속마음을 책망함을 참(慙)이라 하고 그 잘못되어진 결과에 대해 부끄러움을 나타냄을 괴(愧)라

고 한다.
　그러나 마음이란 본래 이러한 시비의 분별이 발붙일 곳 없이 공적(空寂)한지라 죄업의 주체(主體)도 또한 찾을 수 없는 것이다.

#132
實際理地엔 **不受一塵**이어니와 **佛事門中**엔 **不捨一法**이니라
실제 진리의 분상에서 보면 한 티끌도 용납이 안 되지만 불사 문중에선 또한 한 법도 버리지 않는 것이다.

　이는 이제까지 위에 열거한 온갖 만행의 글들을 결론지은 것이다. 『현중명(玄中銘)』에 이르기를 "삼라만상은 옛 부처의 가풍이요, 눈부신 하늘빛은 도인의 살림살이다." 하였다.

133
凡夫는 **取境**하고 **道人**은 **取心**하거니와 **心境**을 **兩忘**하야사 **乃是眞法**이니라
범부는 눈앞의 경계만 따르고 도인은 마음만 붙들려 하거니와 (실로) 마음과 경계를 둘 다 잊어야 곧 참된 법이라 할 수 있다.

　천지에는 진나라 해와 달이 없고
　산하엔 한나라의 군신이 보이질 않네.

134

聲聞은 宴坐林中호대 被魔王捉이어니와 菩薩은 遊戲世間호대 外魔不覓하니라

성문은 숲 속에서 가만히 앉아 있어도 악마에게 붙들리거니와 보살은 세간에서 뜻대로 노닐어도 외도나 마군이 찾질 못한다.

이는 성문과 보살을 함께 논한 것이다.

춘삼월 꽃밭길을 오락가락 노니는데
우중충한 한 집 빗속에 잠겨 있네.

#135

衆生이 迷己逐物故로 說諸法의 本來空寂하사 爲第一體句하시고 又恐沈空滯寂故로 說恒沙妙用하사 爲第二用句하시며 又是走殺兩頭故로 說不空不有하사 爲第三體用句하시니 此는 佛祖의 不易之軌則也시니라

중생이 자기를 몰라 바깥 경계만을 좇으므로 먼저 온갖 법이 공적함을 설하여 본체의 구절을 삼고, 또 공에만 빠져 막혀 있지 않을까 걱정되어 다음 한량없는 묘용을 설하여 작용의 구절을 삼으며, 또 이 두 가지의 상반된 견해에 집착함을 한꺼번에 없애주기 위하여 세 번째로 공도 아니요, 유도 아님을 설하여 체용의 구절을 삼았으니, 이것이 불조의 변함없는 법규이다.

강남 땅 무르익은 봄이라 삼월

자고새 지저귀고 온갖 꽃 향기롭네.

#136
大抵 衆生이 外迷着相하고 內迷着空하나니 經에 云 衆生의 虛妄浮心이 多諸巧見이라 하시니라
대저 중생이 바깥을 미하여 모양에 집착하고 안으로 미하여 공적에도 집착하나니, 경에 이르기를 "중생들의 허망한 들뜬 마음이 온갖 그릇된 견해를 일으킨다." 하였다.

이는 통틀어 위의 뜻을 결론지은 것이니 이로써 교를 인용함은 마쳤다.

#137
先德이 云 禪學者는 取湛然不動淸淨境界하야 爲是佛法하나니 也大錯也로다 亦云湛湛黑暗深坑이 寔可怖畏니라 하시다
선덕이 이르기를 "참선하는 이들이 담연 부동한 청정경계만을 가져 곧 불법이라 하는데 이는 크게 잘못된 견해이다. 맑기만 한 흑암의 구덩이야말로 실로 가장 두려워해야 할 곳이다." 하였다.

이 아래부터는 참선하는 이의 병통을 꾸짖는 것이다.

단단한 돌덩이 오래됐단 말 말게.

무생(無生)에다 비한다면 찰나간인 걸.

138
禪學者는 **本地風光**을 **若未發明則 孤峭玄關**에 **擬從何透**리오 **往往**에 **斷滅空**으로 **以爲禪**하며 **無記空**으로 **以爲道**하며 **一切俱無**로 **以爲高見**하거니와 **此**는 **冥然頑空**이라 **受病幽矣**니 **今天下之言禪者**- **多坐在此病**하니라
참선하는 이가 본래면목을 밝히지 못한다면 높고 아득한 진리의 관문을 어떻게 꿰뚫을 것인가. 더러는 아주 끊어져 없어진 빈 것을 참선이라 하기도 하고, 기억할 수도 없는 흐리멍텅한 공을 도라 하기도 하며, 일체를 부정해 없다는 것으로 높은 소견을 삼기도 하거니와 이런 것들은 다 컴컴하게 비어 있어 그 병듦이 깊을 뿐이다. 지금 천하에 참선을 말하는 사람치고 이 같은 병에 걸리지 않은 사람이 얼마나 되겠는가?

  향상(向上)의 일관(一關)은 발을 붙여 디딜 문이 없다〔無門〕.
  운문 선사가 이르기를 "본지풍광을 투탈(透脫)하지 못하는 데는 두 가지로 병이 있고, 법신을 증득하지 못하는 데도 또한 두 가지로 병이 있나니, 이를 낱낱이 남김없이 투과(透過)해야 한다."고 하였다.

  우거진 풀밭을 거치지 않고선
  꽃 지는 마을에 도달하기 어려우리.

139

宗師- 亦有多病하니 病在耳目者는 以瞠眉努目과 側耳點頭로 爲禪하고 病在口舌者는 以顚言倒語와 好喝亂喝로 爲禪하며 病在手足者는 以進前退後와 指東劃西로 爲禪하고 病在心服者는 以窮玄究妙와 超情離見으로 爲禪하나니 據實而論컨댄 無非是病이니라

종사에게도 또한 병이 많다. 병이 귀와 눈에 있는 이는 눈을 끔틀거리거나 부릅뜨고 귀를 기울이며 머리를 끄덕이는 것으로 선을 삼고, 병이 입과 혀에 있는 이는 횡설수설 되지 않는 말과 함부로 어지러이 꾸짖는 것으로 선을 삼는다. 또 병이 손과 발에 있는 이는 왔다갔다 이쪽저쪽 가리키는 것으로 선을 삼고, 또 병이 마음 깊숙이 있는 이는 진리를 찾아내고 오묘한 것을 뚫어내며 인정을 벗어나고 소견을 떠나는 것으로 선을 삼는다. 실제대로 말하자면 병 아닌 것이 없다.

아비를 죽이고 어미를 죽임은 불전에 참회할 수 있으려니와 반야를 비방한 죄는 천지간에 참회할 곳이 없다.

140

凡人이 臨命終時에 若一毫나 凡聖情量을 不盡커나 思慮를 未忘하면 向驢胎馬腹裏하야 托質하며 泥犁鑊湯中에 煮煤타가 乃至依前再爲螻蟻蚊虻하리라

사람이 임종할 때에 만일 털끝만치라도 범부다 성인이다 따져 헤아리는 분별심이 다하지 않았거나 그런 생각을 잊지 못했다면, 나

귀나 말의 뱃속에 끌려 들어가거나 지옥의 끓는 가마 속에 처박히 거나 혹은 예전(전생)처럼 다시 개미나 모기 같은 것이 되고 말 것이다.

백운(白雲)이 이르기를 "설사 한 터럭만큼이라도 범성(凡聖)이라는 분별정념이 다해 깨끗하다 하더라도 또한 나귀나 말의 뱃속에 들어감을 면치 못하리라."고 하였다.

141

凡人이 臨命終時에 但觀五蘊皆空하고 四大無我니 眞心無相이라 不去不來하나니 生時性亦不生이며 死時性亦不去하야 湛然圓寂하야 心境一如라 但能如是直下頓了하면 不爲三世의 所拘繫하야 便是出世自由人也니라 若見諸佛이라도 無心隨去하며 若見地獄이라도 無心怖畏어다 但自無心하면 同於法界하리니 此卽是要節이니라 然則 平常은 是因이요 臨終은 是果니 道人은 須着眼看이어다

누구든 임종할 때에는 오온이 다 공하여 이 몸에는 나라고 할 것이 없음을 관찰해야 한다. 참마음은 모양이 없는지라 오고 가는 것이 아니니 날 때에도 성품은 난 바가 없고 죽을 때에도 성품은 가는 것이 아니다. 지극히 맑고 고요해 마음과 경계가 한결같기 때문이다. 오직 능히 이와 같이 바르게 알면 삼계에 끌리거나 구속되지 않으리니, 이런 사람이야말로 세상에 뛰어난 대자유인이라 설사 부처님을 만난다 하더라도 따라갈 마음이 없고 지옥을 보더라도 두려움이 없으리라. 다만 스스로 무심하다면 저 법계와 같아지리

니, 이것이 정말 중요한 절목인 것이다. 그러므로 살아가는 동안(평상시)은 인이 되고 죽을 때가 과이니, 수도인은 모름지기 자세히 살필 것이다.

이상 두 구절의 글은 특히 종사(宗師)의 무심(無心)으로 도에 합하는 문을 열고 교중(敎中)에 염불(念佛)로 생로(生路)를 구하는 방편문을 막은 것이다. 그러나 근기가 제각기 다르고 지원(志願)하는 바도 또한 다를 수 있으므로, 원컨대 도 닦는 사람은 평소에 각각 그 편의함을 따라 힘써서 임종 때에 의심하고 후회하는 마음을 내지 말기 바란다.

이 좋은 시절 만났을 때 부디 자기를 밝힐 것이니,
백 년 살아온 자취가 돌아보니 모두가 허사로다.

#142
若能悟我本空하면 **生死怖畏**가 **都息**하리라
만일 능히 내가 본래 공함을 알면 생사의 두려움이 한꺼번에 다 없어질 것이다.

이는 위 두 구절의 글을 결론지은 것이다. 반야에는 식경(識境)에 미(迷)한 네 가지 모양(四相)이 있고 원각에는 지경(智境)에 미한 네 가지의 모양이 있어 그 추세(麤細)가 비록 다르긴 하지만 모두 생사(生死)임에는 마찬가지다. 진아(眞我)는 모양을 떠나 있는지라 누가

있어 생사를 받겠는가.

> 봄산 봉우리 어지럽게 물들어 가고
> 가을물 사무치게 비어 푸르네.
> 아득한 천지간
> 홀로 서서 바라봄에 끝이 있을까.
> 이 무슨 면목인고?
> 도를 함께 하는 자는 알아보리라.

#143
祖師- 云 不坐禪不持律호대 妙覺心珠白如日이로다 當體虛玄하야 一物無하니 阿誰- 承受燃燈佛이리오 하시니 故知釋迦八相이 聲聞曲見이며 凡夫劣解로다 龐居士- 所謂學無爲心空及第者- 便是此意로다
조사께서 이르기를 "좌선하지 않고 계를 지니지 않아도 묘각의 마음구슬 햇살처럼 밝네. 당체가 비고 비어 아무 것도 없으니 누가 있어 (새삼스레) 연등불의 수기를 받을까." 하였으니 그러므로 석가모니의 일생을 여덟 가지로 나눔은 성문의 굽은 견해나 범부들의 못난 알음알이에 지나지 않는 줄 알 것이다. 방 거사가 "무위를 배워 마음이 공하면 급제하리라." 한 것이 이를 두고 한 말이다.

> 햇살은 동쪽 언덕에서 솟아오르고
> 오경이 되면 닭이 꼬끼오 우나니.

#144
禪學者- 要須識句하야사 始得다
선을 배우는 자는 반드시 활구를 알아야 한다.

  이 한 구절은 본 귀감(龜鑑) 전편(全篇)을 통틀어 결론지은 것이다. 이 귀감이 처음 '일물(一物)'이라는 말로 시작하여 중간에 온갖 만행(萬行)을 설정하였고 마지막에 일구(一句)로 결론맺었으니, 이는 유전(儒典)에 삼의(三義)로 설명한 것과 그 유(類)가 같다 하겠다.
  만일 뛰어난 준마(駿馬)라면 어찌 채찍그림자를 기다릴 것인가? 선문(禪門)의 처음과 마지막이 이를 좇아 이름을 얻은 것이다.

145
本分宗師 全提此句- 如木人唱拍과 紅爐點雪이며 亦如石火電光이라 學者- 實不可擬議也로다 故로 古人이 知師恩曰 不重先師의 道德이요 只重先師- 不爲我說破라 하시니 此亦禪家格言이로다
본분종사가 법을 온전히 들어 보임은 마치 장승이 노래하고 불붙은 화로에 눈발 떨어지듯 하며, 또한 석화전광과도 같아서 학자가 도무지 헤아려 머뭇거릴 틈이 없다. 그러므로 옛사람이 그 스승의 은혜를 알고 이르기를 "우리 스님의 도덕을 장하게 여기는 것이 아니라 오직 나를 위해 설파해 주지 않은 일을 고맙게 여길 따름이다." 하였으니, 이것이 또한 선가의 격언인 것이다.

  화살이 강에 비친 달그림자를 꿰뚫으니

필시 이는 독수리를 쏜 사람일 거야.

146
大抵學者는 **先須詳辨宗途**어다 **昔**에 **馬祖一喝也**에 **百丈耳聾**하시고 **黃蘗 吐舌**하시니 **這一喝-** **便是拈花消息**이며 **亦是達磨初來底面目**이로다 **吘**라 **此 臨濟宗之淵源**이샷다

대저 공부하는 사람은 먼저 종파의 갈래부터 자세히 가려 알아야 한다. 옛날 마조 스님이 한번 '할' 하는 소리에 백장 스님은 귀가 먹었고 황벽 스님은 혀가 쑥 빠졌었다. 이 한 '할' 이야말로 곧 부처님께서 꽃을 드신 소식이며, 또한 달마 대사께서 처음 오신 면목이니, 어허! 이것이 또한 임제종의 연원인 것이다.

주장자 한 가지 마디라곤 없는데,
밤길 가는 길손에게 은근히 쥐어 주네.

옛날 마조 스님의 일할(一喝)에 백장 스님은 대기(大機)를 얻고 황벽 스님은 대용(大用)을 얻었으니, 『전등록』에 실린 내용을 각자가 볼 것이다.

무릇 조사의 종파에 다섯 갈래가 있으니 임제종(臨濟宗), 조동종(曹洞宗), 운문종(雲門宗), 위앙종(潙仰宗), 법안종(法眼宗)이 그것이다.

●**임제종**: 우리 스승 석가모니불로부터 33세 되는 육조혜능 대사의 밑에서 곧게 전하여 남악회양, 마조도일, 백장회해, 황벽희운,

임제의현, 홍화존장, 남원도옹, 풍혈연소, 수산성념, 분양연소, 자명초원, 양기방회, 백운수단, 오조법연, 원오극근, 경산종고 같은 이들.

●**조동종**: 육조 대사 아래 곁갈래로 청원행사, 석두희천, 약산유엄, 운암담성, 동산양개, 조산본적, 운거도응 같은 이들.

●**운문종**: 마조 스님의 곁갈래로 천왕도오, 용담숭신, 덕산선감, 설봉의존, 운문문언, 설두중현, 천의의회 같은 이들.

●**위앙종**: 백장 스님의 곁갈래로 위산영우, 앙산혜적, 향엄지한, 남탑광용, 파초혜청, 곽산경통, 무착문희 같은 이들.

●**법안종** : 설봉 스님의 곁갈래로 현사사비, 지장계침, 법안문익, 천태덕소, 영명연수, 용제소수, 남대수안 같은 이들.

각 종파의 독특한 가풍을 보면 아래와 같다.

●**임제가풍**: 빈손에 한 자루 칼로 부처든 조사든 닥치는 대로 죽여 없애니, 고금을 현요(玄要)로써 가려내고 용과 뱀을 주빈(主賓)으로 점검해 낸다. 금강의 보검으로 온갖 허깨비를 베어 없애고 사자의 위력으로 뭇짐승들의 간담을 쪼개 버리니, 임제의 종지(宗旨)를 알고 싶은가?

푸른 하늘에서 번개가 치고 평지에서 파도가 일어난다.

●**조동가풍**: 방편[權]으로 오위(五位)를 열어 상중하의 근기를 잘 제접(提撥)하시니, 보검을 빗겨 들어 온갖 견해의 분별 숲을 잘라버리고 묘하게 달램이 두루 미쳐 만 가지 기틀을 다 한 꼬치로 뚫어 낸다. 위음왕 저 넘어 눈 가득 쏘는 빛이요, 공겁(空劫) 이전의 한

덩어리 눈부신 풍월(風月)이라. 조동의 종지를 알고 싶은가?

불조(佛祖) 나기 전 공겁(空劫) 밖의 정편(正偏)이 유무(有無)의 분별 기틀에 한 번도 떨어져 버린 일이 없었다.

● **운문가풍**: 칼날 위에 길이 있고 철벽이라 문이 없다. 온갖 갈등(葛藤)을 다 꺼내 흔들어 뒤집으며, 상정(常情)의 견해들을 모조리 잘라 없앤다. 번갯불에 주저할 틈이 없거늘 뜨거운 용광로에 들어감을 어찌 용납하랴. 운문의 종지를 알고 싶은가?

주장자는 하늘 위로 날아가 버렸거늘 잔(盞) 속에서 온갖 부처님들 설법하고 계시네.

● **위앙가풍**: 스승과 제자가 서로 불러 화기로우니 아버지와 아들이 언제나 한 집안일세. 온갖 글자를 다 거두어 두각(頭角)을 다투고 실중(室中)에서 사람을 점검함에 사자의 허리가 부러진다. 사구(四句)를 떠나고 백비(百非)를 끊어 한방에 날려버리고 두 입에 혓바닥 하나 없어도 구곡(九曲)을 구슬처럼 통해 버린다. 위앙의 종지를 알고 싶은가?

비석을 꺾어 옛길에다 던져 버렸거늘 철우(鐵牛)는 여전히 소실(少室)에서 졸고 있네.

● **법안가풍**: 말 속에 메아리가 있고 구절 속에 쇠막대를 감추었다. 해골이 세계를 범하고 콧구멍이 가풍을 갈아 부치니, 솔솔 부는 바람, 물에 비친 달빛, 진심(眞心)을 드러내고, 푸른 대, 누런 꽃이 묘법을 밝혀낸다. 법안의 종지를 알고 싶은가?

바람이 구름을 날려 산 너머로 보내거늘 달빛이 흐르는 물에 어울려 다리 위로 지나가네.

147

臨濟喝과 德山棒이 皆徹證無生하사 透頂透底로다 大機大用이 自在無方하사 全身出沒하고 全身荷擔하야 退守文殊普賢의 大人境界라도 然이나 據實而論컨댄 此二師도 亦不免偸心鬼子니라

임제의 '할'과 덕산의 '방'이 다 무생을 철저하게 증득하여 꼭대기에서 바닥까지 사무쳐 꿰뚫었다. 큰 기틀과 큰 작용이 걸림 없이 자재하고 온몸으로 출몰하고 온몸으로 짊어져, 문수보현의 대인경계를 지키고 있다 할지라도 사실대로 말한다면 이 두 스님도 또한 도둑심보를 가진 귀신을 면치 못하는 것이다.

　대기(大機)는 원응(圓應)으로 뜻을 삼고 대용(大用)은 직절(直截)로 뜻을 삼는 것이다.

　　번뇌 바닷속의 이슬비요
　　무명산꼭대기의 우레 구름이로다.

148

大丈夫는 見佛見祖를 如怨家어다 若着佛求하면 被佛縛이요 若着祖求하면 被祖縛이라 有求皆苦니 不如無事로다

대장부는 부처나 조사 보기를 원수같이 해야 한다. 만일 부처에게 매달려 구하는 것이 있다면 그는 부처에게 얽매인 것이고, 조사에게 매달려 구하는 것이 있다면 또한 조사에게 얽매여 있는 것이다. 무엇이든 구하는 그 자체가 다 고통이라 차라리 일 없음만 같지 못

하다.

 이는 이 책 앞머리에 나오는 '佛祖出世 無風起浪'의 뜻을 맺은 것이니, 가히 전후(前後)가 조응(照應)하고 수미(首尾) 일관(一貫)이라 할 만하다. '有求皆苦'는 위의 '當體便是'를 맺은 말이고 '不如無事'는 위의 '動念卽乖'를 맺은 것이다.
 무릇 불조(佛祖)의 출세하심이 흡사 난세(亂世)의 영웅이나 태평시대의 간적(奸賊)과도 같기에 단하(丹霞)는 목불(木佛)을 태웠고, 노모(老母)는 부처 보기를 원치 않았으며, 운문(雲門)은 "때려 죽여 개에게나 던져 주리라." 하였거니와, 이것이 다 삿됨을 부수어 정법(正法)을 나타내려는 부득이한 수단이었던 것이다. 그렇다면 필경에 어떻게 해야 하겠는가?

 동쪽 언덕에 구름 이니 사방 언덕이 다 하얗고
 앞산에 꽃이 만발하니 뒷산까지도 다 붉네.

149

先德이 云 神光이 不昧하야 萬古徽猷하니 入此門來인댄 莫存知解하라
선덕이 이르기를 "거룩한 빛 어둡지 않아 천만고에 환하거니, 이 문안에 들어오려면 알음알이 두지 말라." 하였다.

 상편에서는 '환(幻)'이라는 한 글자로 종결하였고 여기서는 '지해(知解)'라는 두 자로 종결하였으니, 이 한 권의 갈등(葛藤)을 이 한 구절로 모두 파해 버렸다. '神光不昧'는 위의 '昭昭靈靈'을 맺은 말이고, '萬古徽猷'는 위의 '不曾生不曾滅'을 맺은 말이며, '莫存知解'는 위의 '不可守名而生解'를 맺은 말이다. 문이란 온갖 범부 성인이 출입하는 곳이니, 하택(荷澤)의 이른바 '知之一字 衆妙之門' 이라는 말과 같은 것이다.

  지해(知解)란 지식(知識)으로 이해함이니, 옛사람이 이르기를 "금가루가 비록 귀한 것이긴 하나 눈에 들어가면 한갓 티끌일 뿐이다." 하였고, 또 "지혜로써 알려 하지 말며 지식으로 알려고도 하지 말라." 함이 다 이 뜻을 드러낸 것이다.

  이같이 들어 보여 종지를 밝혔다면
  서쪽에서 온 눈 푸른 스님 한바탕 웃었으리.

諺解本 禪家龜鑑 終

한문 교재본

禪家龜鑑

•序

　　古之學佛者는 非佛之言이면 不言하고 非佛之行이면 不行也일새 故로 所寶者- 惟貝葉* 靈文而已러니 今之學佛者- 傳而誦則士大夫之句요 乞而持則士大夫之詩라 至於 紅綠으로 色其紙하고 美錦으로 粧其軸하야 多多不足하야 以爲至寶하니 吁라 何古今學佛者之不同寶也여 余雖不肖나 有志於古之學하야 以貝葉靈文으로 爲寶也나 然이나 其文이 尙繁하고 藏海- 汪洋하야 後之同志者가 頗不免摘葉之勞故로 文中에 撮其要且切者- 數百語하야 書于一紙하니 可謂文簡而義周也라 如以此語로 以爲嚴師하야 而硏窮得妙則- 句句에 活釋迦存焉하리니 勉乎哉인저 雖然이나 離文字一句와 格外奇寶는 非不用也나 且將以待別機也하노라**

嘉靖 甲子 夏 淸虛堂 白華道人 序

---

* 佛經書于貝葉 如世典之寫于竹簡也
** 名曰禪家龜鑑이라하니 採玉者- 雖千仞之上이라도 無所不上은 利在高也요 採珠者- 雖萬丈之海라도 無所不入은 利在深也니 此乃世間勤苦求利者之志耳라 如或求道者인댄 則明窓靜室에 端坐虛懷는 利在心也니 彼利之在外者- 雖高且深이나 而求無不獲이온 況道之在我者乎아

禪家龜鑑
曹溪 退隱 述
東山慧日 略註

001
有一物於此하니 從本以來로 昭昭靈靈하야 不曾生不曾滅이라 名不得狀不得이로다

一物者는 何物고 ○ 古人이 頌云 古佛未生前에 凝然一相圓이라 釋迦도 猶未會어니 迦葉이 豈能傳가하니 此- 一物之所以不曾生不曾滅이며 名不得狀不得也라 六祖- 告衆云 吾有一物하니 無名無字라 諸人은 還識否아 神會禪師- 卽出日 諸佛之本源이요 神會之佛性이니다하니 此所以爲六祖之孼子也요 懷讓禪師- 自嵩山來하니 六祖問日 什麽物이 伊麽來오 師- 罔措라가 至八年에 方自肯日 說似一物이라도 卽不中이니다하니 此所以爲六祖之嫡子也라

頌 ─ 三敎聖人이 從此句出이라
　　　誰是擧者오 惜取眉毛[1]어다.

---

1) 輕佛說之密要면 受落眉毛之報故也라 昔翠岩眞禪師- 告衆日 吾一夏에 飛揚法要한대 看取吾眉毛落否아하다

002

佛祖出世-無風起浪이로다

佛祖者는 世尊迦葉也요 出世者는 大悲爲體하야 度衆生也라 然이나 以一物로 觀之則 人人面目이 本來圓成커니 豈假他人의 添脂着粉也리오 此- 出世之所以起波浪也라 虛空藏經에 云 文字도 是魔業이요 名相도 是魔業이며 至於佛語하야도 亦是魔業이라함이 是此意也로다 此는 直擧本分이니 佛祖도 無功能이라

頌 __ 乾坤이 失色하고 日月이 無光이로다

003

然이나 法有多義하고 人有多機하니 不妨施設이로다

法者는 一物也요 人者는 衆生也라 法有不變隨緣之義하고 人有頓悟漸修之機하니 故로 不妨文字語言之施設也라 此- 所謂 官不容針이나 私通車馬者也로다 衆生이 雖曰圓成이나 生無慧目하야 甘受輪轉故로 若非出世之金鎞면 誰刮無明之厚膜也리요 至於越苦海而登樂岸者가 皆由大悲之恩也니 然則恒沙身命으로도 難報萬一也로다 此는 廣擧新熏하야 感佛祖深恩이니라

頌 __ 王登寶殿하니 野老謳歌로다

004

强立種種名字하야 或心或佛或衆生이라하나 不可守名而生解니 當體便是라 動念卽乖니라

一物上에 强立三名字者는 教之不得已也요 不可守名生解者는 亦禪之不得已也라 一擡一搦하며 旋立旋破는 皆法王法令之自在者也라 此는 結上起下하야 論佛祖事體各別하니라

頌__久旱에 逢佳雨하고 他鄉에 見故人이로다

005

世尊- 三處傳心者- 爲禪旨요 一代所說者- 爲教門이니 故로 曰 禪是佛心이요 教是佛語라하니라

三處者는 多子塔前에 分半座- 一也요 靈山會上擧拈花- 二也요 雙樹下에 槨示雙趺- 三也니 所謂 迦葉의 別傳禪燈者- 此也라 一代者는 四十九年間所說五教也니 人天教- 一也요 小乘教- 二也요 大乘教- 三也요 頓教- 四也요 圓教- 五也니라 所謂 阿難의 流通教海者- 此也라 然則禪教之源者는 世尊也요 禪教之派者는 迦葉阿難也니라 以無言으로 至於無言者는 禪也요 以有言으로 至於無言者는 教也며 乃至心是禪法也요 語是教法也니 則法雖一味나 見解則天地懸隔이라 此는 辨禪教二途라

頌 _ 不得放過하라 草裏橫身[2]하리라

006

是故로 若人이 失之於口則 拈花面壁이 皆是敎迹이어니와 得之於心則 世間의 麤言細語가 皆是 敎外別傳禪旨니라

法無名故로 言不及也요 法無相故로 心不及也니 擬之於口者는 失本心王也라 失本心王則 世尊拈花와 迦葉微笑가 盡落陳言[3]하야 終是死物也니라 得之於心者는 非但街談이 善說法要라 至於燕語라도 深達實相也니 是故로 寶積禪師[4]-聞哭聲하고 踊悅身心하며 寶壽禪師[5]는 見諍拳하고 開豁面目者가 以此也라 此는 明禪敎深淺하니라

頌 _ 明珠在掌에 弄去弄來로다

007

吾有一言하니 絶慮忘緣이로다 兀然無事坐호니 春來草自靑[6]이로다

---

2) 義理草裡에 恐其喪身也라
3) 猶云 腐言也라
4) 馬祖法嗣로 幽州盤山寶積禪師也라 未入山前에 偶聞喪主哭聲而頓悟하다
5) 寶壽禪師는 臨濟門人也라 一日方丈和尙問曰 如何是父母未生前面目麼 師不能對罔措라가 後日往街中에 見人爭拳 無面目之語하고 忽然開悟하다
6) 懶瓚和尙歌詞也라

絕慮忘緣者는 得之於心也라 所謂閑道人也라 於戲라 其爲人也- 本來無緣하고 本來無事하야 飢來卽食하고 困來卽眠할새 綠水靑山에 任意逍遙하고 漁村酒肆에 自在安閒하야 年代甲子를 總不知로대 春來에 依舊草自靑이로다 此는 別歎一念廻光者니라

頌 _ 將謂無人터니 賴有一個로다

008
敎門엔 惟傳一心法하고 禪門엔 惟傳見性法하니라

心은 如境之體요 性은 如境之光이니 性自淸淨하야 卽時豁然하면 還得本心이라 此는 祕重得意一念이니라

頌 _ 重重山與水여 淸白舊家風이로다

評曰 心有二種하니 一은 本源心이요 二는 無明取相心也며 性有二種하니 一은 本法性이요 二는 性相相對性也라 故로 禪敎者가 同迷守名生解하야 或以淺爲深하며 或以深爲淺하야 遂爲觀行大病故로 於此에 辨之하노라

009
然이나 諸佛說經은 先分別諸法하고 後說畢竟空이어니와 祖師示句는 迹絕

於意地하고 理顯於心源하니라

諸佛은 爲萬代依憑故로 理須委示요 祖師는 在卽時度脫故로 意使玄通하니라 迹은 祖師言迹也요 意는 學者意地也라

頌＿胡亂指注라도 臂不外曲⁷⁾이니라

010

諸佛은 說弓하시고 祖師는 說絃하시니 佛說無碍之法하사 方歸一味어든 拂此一味之迹하야사 方現祖師所示一心일새 故로 云 庭前栢樹子話는 龍藏所未有底라하시니라

說弓은 曲也요 說絃은 直也며 龍藏은 龍宮之藏經也라 僧이 問 趙州하대 如何是祖師西來意닛고 州答云 庭前栢樹子라하니 此一 所謂格外禪旨也라

頌＿魚行水濁이요 鳥飛毛落⁸⁾이니라

---

7) 耳提面命이 自然而然也라
8) 言其不能無過也라

011

故로 學者는 先以如實言敎로 委辨不變隨緣二義- 是自心之性相이며 頓悟漸修兩門이 是自行之始終然後에 放下敎義하고 但將自心의 現前一念하야 叅詳禪旨則 必有所得하리니 所謂出身活路니라

上根大智는 不在此限이나 中下根者는 不可躐等也니라 敎義者는 不變隨緣과 頓悟漸修가 有先有後어니와 禪法者는 一念中에 不變隨緣과 性相體用이 元是一時라 離卽非離나 是卽非卽故로 宗師는 據法離言하야 直指一念見性成佛耳일새 放下敎義者- 以此니라

頌__ 明歷歷時에 雲藏深谷하고
　　　深密密處에 日照晴空[9]이로다

012

大抵學者는 須叅活句언정 莫叅死句어다

活句下에 薦得하면 堪與祖佛爲師요 死句下에 薦得하면 自救도 不了니라 此下는 特擧活句하야 使自悟入케하나니라

頌__ 要見臨濟인댄 須是鐵漢[10]이라야

---

9) 明而且深 深而且明이니 言其叅究之消息也라
10) 五宗中에 臨濟- 最爲首故요 又宣揚其活句消息故로 云云이라

評曰 話頭에 有句·意二門이라 參究者는 徑截門活句也니 沒心路沒語路하야 無摸索故也요 參意者는 圓頓門死句也니 有理路有語路하야 有聞解思想故也니라

013
凡本參公案上[11]에 切心做工夫를 如鷄抱卵하며 如猫捕鼠하며 如飢思食하며 如渴思水하며 如兒憶母하면 必有透徹之期하리라

祖師公案이 有一千七百則하니 如狗子無佛性과 庭前栢樹子, 麻三斤, 乾屎橛之類也라 鷄之抱卵은 暖氣相續也요 猫之捕鼠는 心眼不動也요 至於飢思食, 渴思水, 兒憶母-皆出於眞心이요 非做作底心故로 云 切也니 參禪에 無此切心하고 能透徹者-無有是處니라

014
參禪은 須具三要[12]니 一은 有大信根이요 二는 有大憤志요 三은 有大疑情이라 苟闕其一이면 如折足之鼎하야 終成廢器니라

佛云 成佛者는 信爲根本이라하시고 永嘉云 修道者는 先須立志라하며 蒙山云 參禪者-不疑言句가 是爲大病이라하고 又云 大疑之下에 必

---
11) 各有所參底話頭를 謂之本參公案也라
12) 非三玄三要之三要也라

有大悟라하니라

015

日用應緣處에 只擧狗子無佛性話하야 擧來擧去하며 看來看去에 覺得沒理路 沒義路 沒滋味하야 心頭熱悶時- 便是當人의 放身命處며 亦是成佛作祖底基本也니라

僧問趙州하되 狗子- 還有佛性也無닛가 州云 無라하니 此一字者는 宗門之一關이며 亦是摧許多惡知惡覺底器仗이며 亦是諸佛面目이며 亦是諸祖骨髓也라 須透得此關然後에 佛祖를 可期也니라
古人頌[13] 云
趙州露刃劒이여 寒霜光焰焰이로다
擬議問如何오하면 分身作兩段하리라

016

話頭를 不得擧起處에 承當하며 不得思量卜度하며 又不得將迷待悟니 就不可思量處하야 思量하면 心無所之- 如老鼠入牛角하야 便見倒斷也리라 又尋常에 計較安排底도 是識情이며 隨生死遷流底도 是識情이며 怕怖慞惶底도 是識情이어늘 今人은 不知是病하고 只管在裏許하야 頭出頭沒하나니라

---

13) 五祖山法演和尙語也라

話頭에 有十種病하니 曰意根下卜度 曰揚眉瞬目處垜根, 曰語路上作活計, 曰文字中引證, 曰擧起處承當, 曰颺在無事匣裏, 曰作有無會, 曰作眞無會, 曰作道理會, 曰將迷待悟也라 離此十種病者는 但擧話時에 略抖擻精神하야 只疑是箇甚麽니라

017

此事는 如蚊子- 上鐵牛하야 更不問如何若何하고 下嘴不得處에 棄命一攢하야 和身透入이어다

重結上意하야 使叅活句者로 不得退屈이니 古云 叅禪은 須透祖師關이요 妙悟는 要窮心路絶이라하니라

018

工夫는 如調絃之法하야 緊緩을 得其中이니 勤則近執着이요 忘則落無明하리니 惺惺歷歷하고 密密綿綿이니라

彈琴者曰 緩急이 得中然後에 淸音이 普矣라하니 工夫도 亦如此하야 急則動血囊하고 忘則入鬼窟이니 不徐不疾하야사 妙在其中이니라

019

工夫가 到行不知行하며 坐不知坐하면 當此之時하야 八萬四千魔軍이 在

六根門頭- 伺候타가 隨心生設하리니 心若不起면 爭如之何리요

魔者는 樂生死之鬼名也요 八萬四千魔軍者는 乃衆生八萬四千煩惱也라 魔本無種이나 修行失念者- 遂派其源也라 衆生은 順其境故로 順之하고 道人은 逆其境故로 逆之하나니 故로 云 道高魔盛也라하나니라 禪定中에 或見孝子而斫股[14]하며 或見猪子而把鼻者[15]-亦自心起見하야 感此外魔也어니와 心若不起하면 則種種伎倆이 飜爲割水吹光也니라 古云 壁隙風動이요 心隙魔侵이라하나니라

020

起心은 是天魔요 不起心은 是陰魔요 或起或不起는 是煩惱魔어니와 我正法中엔 本無如是事니라

大抵忘機는 是佛道요 分別은 是魔境[16]이라 然이나 魔境은 夢事어니 何勞辨詰이리오

021

工夫가 若打成一片則 縱今生에 透不得이라도 眼光落地時에 不爲惡業

---

14) 古人精進中에 喪人이 現前커늘 錯認爲魔하야 斫其股而視之則 乃自斫自股也라하다
15) 一道人이 一夜定中에 見一猪子座上踞으어늘 驚把猪鼻高聲云 明燭來하라 沙彌明燈而入하니 道人이 把自鼻端叫聲云이라하다
16) 忘機가 雖是나 爲欲忘之則是爲病也요 分別이 雖非나 至於大小權實邪正엔 不可不辯也라

所牽하리라

業者는 無明也요 禪者는 般若也라 明暗이 不相敵은 理固然也니라

022
大抵 叅禪者는 還知四恩이 深厚麽아 還知四大醜身이 念念衰朽麽아 還知人命이 在呼吸麽아 生來에 值遇佛祖麽아 及聞無上法하고 生稀有心麽아 不離僧堂하야 守節麽아 不與隣單으로 雜話麽아 切忌鼓扇是非麽아 話頭가 十二時中에 明明不昧麽아 對人接話時에 無間斷麽아 見聞覺知時에 打成一片麽아 返觀自己하야 捉敗佛祖麽아 今生에 決定續佛慧命麽아 起坐便宜時에 還思地獄苦麽아 此一報身에 定脫輪廻麽아 當八風境하야 心不動麽아 此是叅禪人의 日用中點檢底道理니 古人이 云 此身不向今生度하면 更待何生度此身고하시니라

四恩者는 父母, 君, 師, 施主恩也요 四大醜身者는 父之精一滴과 母之血一滴者니 水大之濕也요 精爲骨, 血爲皮者는 地大之堅也요 精血一塊不腐不爛者는 火大之暖也요 鼻孔先成하야 通出入息者는 風大之動也라 阿難이 曰慾氣麤濁하야 腥臊交遘라하니 此所以醜身也니라 念念衰朽者는 頭上光陰이 刹那不停하니 面自皺而髮自白이라 如云 今旣不如昔이라 後當不如今이니 此無常之體也니라 然이나 無常之鬼가 以殺爲戲하니 實念念可畏也라 呼者는 出息之火也요 吸者는 入息之風也니 人命寄托이 只在出入息也로다 八風者는 順逆二境也요 地獄苦者는 人間六十劫이 泥犁一晝夜니 鑊湯爐炭과 劍樹刀山之苦

를 口不可形言也니라 人身難得이 甚於海中之鍼故로 於此에 慇而警之하노라

評曰 上來法語는 如人飮水에 冷暖自知라 聰明이 不能敵業이요 乾慧가 未免苦輪이니 各須察念하야 勿以自謾이어다

023
學語之輩는 說時似悟나 對境還迷하나니 所謂-言行이 相違者也라

此는 結上謾之意라 言行이 相違면 虛實을 可辨하리라

024
若欲敵生死인댄 須得這一念子를 爆地一破하야사 方了得生死라

爆은 打破漆桶聲이라 打破漆桶然後에 生死可敵也니 諸佛因地法行者- 只此而已로다

025
然이나 一念子를 爆地一破然後에 須訪明師하야 決擇正眼이니라

此事는 極不容易하니 須生慙愧하야사 始得타 道如大海하야 轉入轉深

이니 愼勿得少爲足하라 悟後에 若不見人則 醍醐上味가 飜成毒藥하리라

026
古德- 云 只貴子眼正이언정 不貴汝行履處[17]라하시니라

昔에 仰山이 答潙山問云 涅槃經四十卷이 總是魔說이라하니 此- 仰山之正眼也요 仰山이 又問行履處한대 潙山- 答曰 只貴子眼正云云하니 此所以先開正眼而後에 說行履處也라 故로 云 若欲修行인댄 先須頓悟라하시니라

027
願諸道者는 深信自心하야 不自屈不自高니라

此心이 平等하야 本無凡聖이나 然이나 約人하야 有迷悟凡聖也니라 因師激發하야 忽悟眞我- 與佛無殊者는 頓也니 此- 所以不自屈로 如云 本來無一物也라 因悟斷習하야 轉凡成聖者는 漸也니 此- 所以不自高로 如云 時時勤拂拭也라 屈者는 敎學者病也요 高者는 禪學者病也니 敎學者는 不信禪門에 有悟入之秘訣하고 深滯權敎하야 別執

---

17) 仰山은 潙山門人也라 潙山이 嘗試問 涅槃經四十卷에 幾許魔說이며 幾許佛說고 仰山對曰 總是魔說이니다 潙山許之曰 已後에 佛也- 不奈爾何리라하다

眞妄하야 不修觀行하고 數他珍寶故로 自生退屈也요 禪學者는 不信 敎門에 有修斷之正路하야 染習이 雖起나 不生慚愧하고 果級이 雖初나 多有法慢故로 發言이 過高也일새 是故로 得意修心者는 不自屈不自 高也니라

評曰 不自屈不自高者는 略擧初心의 因該果海라 則雖信之一位也나 廣擧菩薩의 果徹因源則 五十五位也[18]니라

028
迷心修道하면 但助無明이니라

悟若未徹하면 修豈稱眞哉아 悟修之義는 如膏와 明이 相賴하고 目과 足이 相資[19]니라

029
修行之要는 但盡凡情이언정 別無聖解니라

病盡藥除하면 還是本人이니라

---

18) 所謂理則頓悟倂消어니나 事非頓除니 因次第盡者- 此也라
19) 膏喩行, 明喩解也오 目喩解, 足喩行也라 眼目은 見道路의 夷嶮坑平通塞하고 足은 則依之 前進하거니와 若跛而有目이라도 雖見難前이요 盲而有足이라도 動落坑塹故로 須相資也라

030
不用捨衆生心하고 但莫染污自性하라 求正法 是邪니라

捨者求者- 皆是染污也로다

031
斷煩惱- 名二乘이요 煩惱不生이 名大涅槃이니라

斷者는 能所也요 不生者는 無能所也니라

032
須虛懷自照하야 信一念緣起無生이니라

此는 單明性起라

033
諦觀殺盜婬妄이 從一心上起하면 當處便寂이라 何須更斷이리오

此는 雙明性相이라 經云 不起一念이 名爲永斷無明이라하시고 又云 念起卽覺하라하시니라

034

知幻卽離라 不作方便이요 離幻卽覺이라 亦無漸次니라

心爲幻師요 身爲幻城也며 世界는 幻衣也요 名相은 幻食也니 至於起心動念과 言妄言眞이 無非幻也니라 又無始幻無明이 皆從覺心生이라 幻幻이 如空花일새 幻滅하면 名不動이니라 故로 夢瘡求醫者가 寤來에 無方便인달 知幻者도 亦如是니라

035

衆生이 於無生中에 妄見生死涅槃호미 如見空花起滅하나라

性本無生故로 無生涅也요 空本無花故로 無起滅也니 見生死者는 如見空花起也요 見涅槃者는 如見空花滅也니라 然이나 起本無起요 滅本無滅이라 於此二見에 不用窮詰이니 是故로 思益經에 云 諸佛出世一 非爲度衆生이요 只爲度生死涅槃二見耳라하시니라

036

菩薩이 度衆生入滅度하사대 又實無衆生이 得滅度니라

菩薩은 只以念念(生滅)으로 爲衆生也니 了念體空者ㅡ 度衆生也요 念旣空寂者ㅡ 實無衆生得滅度也니라 此上은 論信解하니라

037
理雖頓悟나 事非頓除니라

文殊는 達天眞하고 普賢은 明緣起하니 解似電光이나 行同窮子[20]로다
此下는 論修證하니라

038
帶婬修禪[21]은 如蒸沙作飯이요 帶殺修禪은 如塞耳叫聲이요 帶偸修禪은
如漏甕求滿이요 帶妄修禪은 如刻糞爲香이니 縱有多智라도 皆成魔道니라

此는 明修行軌則三無漏學也라 小乘은 稟法爲戒할새 粗治其末이나
大乘은 攝心爲戒할새 細絶其本이니 然則 法戒는 無身犯이요 心戒는
無思犯也니라 婬者는 斷淸淨이요 殺者는 斷慈悲요 盜者는 斷福德이요
妄者는 斷眞實也니라 能成智慧하야 縱得六神通이나 如不斷殺盜婬妄
則 必落魔道하야 永失菩提正路矣리니 此四戒는 百戒之根本故로 別
明之하야 使無思犯也니라 無憶曰戒요 無念曰定이요 莫妄曰慧며 又戒
爲捉賊이요 定爲縛賊이요 慧爲殺賊이며 又戒器完固하고 定水澄淸하야
사 慧月이 方現하나니 此三學者는 實爲萬法之源故로 特明之하야 使無
諸漏也니라 靈山會上에 豈有無行佛이며 少林門下에 豈有妄語祖리요

---

20) 雖得不思議境界하야 無所不知라도 有若無 實若虛일새 須生慙愧也라
21) 若約行言之則 殺戒爲首요 若以修로 論之則 婬戒로 爲首니 自是受生之本故也라

039
無德之人은 不依佛戒하며 不護三業하고 放逸懈怠하야 輕慢他人하며 較量是非로 而爲根本하나니

一破心戒하면 百過俱生하니라

評曰 如此魔徒가 末法에 熾盛하야 惱亂正法하니 學者는 詳之어다

040
若不持戒면 尙不得疥癩野干(狐也)之身이온 況淸淨菩提果를 可冀乎아

重戒를 如佛하면 佛常在焉이시니 須草繫鵝珠[22]로 以爲先導니라

041
欲脫生死인댄 先斷貪欲과 及除愛渴이니라

愛爲輪廻之本이요 欲爲受生之緣이니 佛云 婬心을 不除하면 塵不可出이라하시고 又云 恩愛一縛着하면 牽人入罪門이라하시니라 渴者는 情愛之至切也라

---

22) 二比丘 善持戒- 得名者也라

042
無碍淸淨慧가 皆因禪定生이니라

超凡入聖하며 坐脫立亡者ᅳ皆禪定之力也니 故云 欲求聖道인댄 離此無路라하니라

043
心이 在定則 能知世間生滅諸相하니라

虛隙日光에 纖埃ᅳ擾擾하고 淸潭水底에 影像ᅳ昭昭로다

044
見境心不起가 名不生이요 不生이 名無念이며 無念이 名解脫이니라

戒也定也慧也ᅳ擧一具三이요 不是單相이니라

045
修道證滅이 是亦非眞也요 心法本寂이 乃眞滅也니라 故로 曰 諸法이 從本來로 常自寂滅相이라하시니라

眼不自見이니 見眼者ᅳ妄也라 故로 妙首ᅳ思量[23]한대 淨名이 杜默하

시나라 此下는 散擧細行하니라

046
貧人이 來乞이어든 隨分施與하라 同體大悲가 是眞布施니라

自他爲一日同體니 空手來空手去가 吾家活計니라

047
有人이 來害어든 當自攝心하야 勿生瞋恨이니 一念瞋心起하면 百萬障門 開니라

煩惱雖無量이나 瞋慢이 爲甚이로다 涅槃에 云 塗割에 兩無心하라하시니 瞋如冷雲中에 霹靂起火來니라

048
若無忍行하면 萬行을 不成이니라

行門이 雖無量이나 慈忍이 爲根源이니 忍心은 如幻夢하고 辱境은 若龜 毛[24]니라

---

23) 文殊는 以思量으로 說不二法故로 口掛壁上이라
24) 證其無生眞空故也라

049
守本眞心이 第一精進이니라

若起精進心하면 是妄이요 非精進이니 故로 云 莫妄想莫妄想하라하시니라
懈怠者는 常常望後하나니 是自棄人也로다

050
持呪者는 現業은 易制라 自行可違어니와 宿業은 難除라 必借神力[25]이니라

摩登의 得果[26]가 信不誣矣니 故로 不持神呪하고 遠離魔事者- 無有是處니라

051
禮拜者는 敬也요 伏也니 恭敬眞性하고 屈伏無明이니라

身口意- 淸淨하면 則佛出世니라

---

25) 定業은 佛猶不能滅이니 況其餘人이리오 故로 須借佛神力하야 而除之也라
26) 事見 首楞嚴經하라

052
念佛者는 **在口曰誦**이요 **在心曰念**이니 **徒誦失念**하면 **於道無益**이니라

阿彌陀佛六字法門이 定出輪廻之捷徑也라 心則緣佛境界하야 憶持不忘하고 口則稱佛名號하야 分明不亂이니 如是心口相應하야사 名曰念佛이니라

評曰 五祖ㅣ 云 守本眞心이 勝念十方諸佛이라하시고 六祖ㅣ 云 常念他佛하는 不免生死어니와 守我本心하야사 卽度彼岸하리라 하시며 又云 佛向性中作이언정 莫向身外求라하시고 又云 迷人은 念佛求生이나 悟人은 自淨其心이라하시며 又云 大抵衆生이 悟心自度언정 佛不能度衆生云云이라하시니 如上諸德은 直指一心하시고 別無方便(方將一法 便逗諸根)하시니 理實如是어니와 然이나 迹門27)에 實有極樂世界에 阿彌陀佛이 有四十八大願하사 凡念十聲者는 承此願力하야 必往生蓮胎하야 徑脫輪廻라하사 三世諸佛이 異口同音하시며 十方菩薩이 同願往生이온 又況古今往生之人이 傳記에 昭昭하시니 願諸行者는 愼勿錯認하야 勉之勉之어다

梵語에 阿彌陀는 此云 無量壽요 亦云 無量光이니 十方三世에 第一佛號也라 因名은 法藏比丘시니 對世自在王佛하사 發四十八願云 我作佛時엔 十方無央數世界諸天人民으로 以至蝻飛蠕動之類히 念我名十聲者면 必生我刹中이니 不得是願이면 終不成佛云云이라하시고 先

---

27) 敎門謂之言이니 其有言跡故也라

聖이 云 唱佛一聲에 天魔喪膽하고 名除鬼簿하야 蓮出金池라하시고 又
懺法에 云 自力他力이 一遲一速하니 欲越海者- 種樹作船은 遲也니
非自力也요 借船越海는 速也니 非佛力也라하시고 又日 世間稚兒가
迫於水火하야 高聲大叫則 父母- 聞之하고 急走救援인달 如人이 臨
命終時에 高聲念佛則 佛具神通하사 決定來迎爾라하시니 是故로 大聖
慈悲- 勝於父母也요 衆生生死- 甚於水火也로다 有人이 云 自心이
淨土라 淨土를 不可生이요 自性이 彌陀라 彌陀를 不可見이라하야늘 此言
이 似是而非也로다 彼佛은 無貪無瞋이어늘 我亦無貪瞋乎아 彼佛은 變
地獄作蓮花를 易於反掌이어늘 我則以業力으로 尙恐自墮於地獄이온
況變作蓮花乎아 彼佛은 觀無盡世界를 如在目前이어시늘 我則隔壁事
도 猶不知온 況見十方世界를 如目前乎아 是故로 人人이 性則是佛이
나 而行則 衆生이니 論其相用하면 天地懸隔이니라 圭峰이 云 設實頓
悟나 終須漸行이라하시니 誠哉라 是言也여 然則 寄語自性彌陀者하노니
豈有天生釋迦와 自然彌陀耶리오 須自忖量이니 人豈不自知리오 臨命
終時生死苦際에 定得自在否아 若不如是인댄 莫以一時貢高로 却致
永劫沈墮니라 又馬鳴龍樹는 悉是祖師로대 皆明垂言敎하사 深勸往生
하시니 我는 何人哉완대 不欲往生고 又佛自云하사대 西方이 去此遠矣라
十萬(十惡)八千(八邪)이라하시니 此는 爲鈍根說相也요 又云 西方이 去
此不遠이라 卽心(衆生)是佛(彌陀)이라하시니 此는 爲利根說性也니라 敎
有權實하고 語有顯密하니 若解行相應者인댄 遠近을 俱通也니라 故로
祖師門下에도 亦有或喚阿彌陀佛者(慧遠)[28]하며 或喚主人公者(瑞巖)[29]
하나니라

---

28) 廬山東林寺遠公이 白蓮結社니 則與僧俗百二十三人으로 誓約洞口不出而行念佛結社하다

053
聽經은 有經耳之緣과 隨喜之福하니 幻軀는 有盡이어니와 實行은 不亡이니라

此는 明智學이니 如食金剛하야 勝施七寶니라 壽師云 聞而不信이라도 尙結佛種之因하고 學而不成이라도 猶盖人天之福이라하니라

054
看經을 若不向自己上하야 做工夫인댄 雖看盡萬藏이라도 猶無益也니라

此는 明愚學이니 如春禽晝啼와 秋虫夜鳴이라 密師— 云 識字看經이 元不證悟요 誚文釋義가 唯熾貪瞋邪見이라하니라

055
學未至於道하고 衒耀見聞하야 徒以口舌辯利로 相勝者인댄 如厠屋에 塗丹艧이니라

別明末世愚學이니 學本修性이어늘 全習爲人하니 是誠何心哉아

---

29) 瑞岩師彦和尙은 巖頭門人也라 平昔에 常自呼云 主人公아 自云 諾! 又自呼云 他時異日에 莫被人謾하라 又自答云 諾!이라하다

056
出家人ㅣ 習外典은 如以刀로 割泥니 泥無所用이요 而刀ㅣ 自傷焉이니라

門外長者子ㅣ 還入火宅中이로다

057
出家爲僧이 豈細事乎아 非求安逸也며 非求溫飽也며 非求利名也라 爲生死也며 爲斷煩惱也며 爲續佛慧命也며 爲出三界하야 度衆生也니라

可謂衝天大丈夫로다

058
佛云 無常之火가 燒諸世間이라하시고 又曰 衆生苦火가 四面俱焚이라하시며 又云 諸煩惱賊이 常伺殺人이라하시니 道人은 宜自警悟하야 如救頭燃이어다

身有生老病死하고 界有成住壞空하고 心有生住異滅하니 此無常苦火가 四面俱焚者也라 謹白參玄人하노니 光陰을 莫虛度니라

059
貪世浮名은 枉功勞形이요 營求世利는 業火加薪이로다

貪世浮名者는 有詩에 云 鴻飛天末迹留沙하고 人去黃泉名在家요 營
求世利者는 有詩에 云 採得百花成蜜後에 不知辛苦爲誰甛[30]고하니라
枉功勞形者는 鑿氷雕刻이 不用之巧也요 業火加薪者는 醜弊色香[31]
이 致火之具也로다

060
名利衲子는 不如草衣野人이니라

唾金輪入雪山은 千世尊의 不易之軌則이어늘 末世에 羊質虎皮之輩-
不識廉恥하고 望風隨勢하야 陰媚取寵하나니 噫라 其懲也夫인저

心染世利者는 阿附權門하야 趨走風塵타가 返取笑於俗人하나니 此衲
子를 以羊質로 證此多行하니라 以懲也夫- 三字로 結之하니 此三字는
文出莊子[32]하니라

061
佛云하사대 云何賊人이 假我衣服하고 裨販如來하야 造種種業고하시니라

---

30) 上句는 未詳人이요 下句는 白居易之詠蜂詩句之一節也라
31) 上의 鑿氷而雕刻은 何所可用意요 下의 醜弊는 弊衣破袈之類也라
32) 莊子外篇第二十山木章句云 今處昏上難相之間而欲無憊니 奚可得邪아 此比干之見剖心으
로 懲也夫인저라다

末法比丘- 有多般名字하니 或烏鼠僧이며 或啞羊僧[33]이며 或禿居士며 或地獄滓며 或披袈裟賊이라 噫라 其所以- 以此일새니라

禪販如來者는 撥因果排罪福하고 沸騰身口하야 迭起愛憎하나니 可謂慼也로다 避僧避俗曰鳥鼠요 舌不說法曰啞羊이며 僧形俗心曰禿居士요 罪重不遷曰地獄滓며 賣佛營生曰被袈裟賊이니 以被袈裟賊으로 證此多名이라 以此二字로 結之하니 此二字는 文出老子[34]하니라

062
於戲라 佛子여 一衣一食이 莫非農夫之血이요 織女之苦어늘 道眼이 未明하면 如何消得이리오

　傳燈에 一道人이 道眼이 未明故로 身爲木菌하야 以還信施라하니라

063
故로 曰 要識披毛戴角底麼아 卽今에 虛受信施者- 是니라 有人은 未飢而食하며 未寒而衣하니 是誠何心哉아 都不思目前之樂이 便是身後之苦也로다

---

33) 自無所學하고 又無所長故로 有人諸問하면 無繇能答也라
34) 老子道經第二十淳風章一節云 以正治國하며 以奇用兵하나니 以無事取天下니라 吾何以知其然哉아 以此로다하다

智論에 一道人이 五粒粟으로 受牛身하야 生償筋骨하고 死還皮肉이라하니 虛受信施- 報應이 如響이니라

064
故로 曰 寧以熱鐵로 纏身이언정 不受信心人衣하며 寧以洋銅으로 灌口언정 不受信心人食하며 寧以鐵鑊에 投身이언정 不受信心人房舍等이라하니라

梵網經에 云 不以破戒之身으로 受信心人의 種種供養과 及種種施物이니 菩薩이 若不發是願則 得輕垢罪라하니라

065
故로 曰 道人은 進食을 如進毒하며 受施를 如受箭이니 幣厚甘言은 道人 所畏니라

進食을 如進毒者는 畏喪其道眼也요 受施를 如受箭者는 畏失其道果也니라

066
故로 曰 修道之人은 如一塊磨刀之石하야 張三也- 來磨하고 李四也- 來磨하야 磨來磨去에 別人刀는 快而自家石은 漸消어늘 然이나 有人은 更嫌他人이 不來我石上磨하나니 實爲可惜[35]이로다

如此道人은 平生所向이 只在溫飽로다

067
故로 古語에 亦有之曰 三途苦- 未是苦라 袈裟下에 失人身이 始是苦也
라하니라

古人이 云 今生에 未明心하면 滴水도 也難消라하니 此所以袈裟下失人身也라 佛子佛子여 憤之激之어다

068
咄哉라 此身이여 九孔에 常流하고 百千癰疽에 一片薄皮로다 又云 革囊盛糞하고 膿血之聚가 臭穢可鄙하야 無貪惜之은 何況百年을 將養한들 一息背恩이리오

上來諸業이 皆由此身이니 發聲叱咄하야 深有警也니라 此身은 諸愛根本이라 了之虛妄則 諸愛自除어니와 如其耽着則 起無量過患일새 故로 於此에 特明之하야 以開修道之眼也니라

評曰 四大無主故로 一爲假四寃이요 四大背恩故로 一爲養四蛇어니와

---

35) 檀越之供養은 於道人爲得禍故로 如張三李四之來磨於石이 爲利刀故也라 所以로 智者畏之어니와 而猶有望焉者하니 不思之甚也라

我不了虛妄故로 爲他人也에 瞋之慢之하고 他人도 亦不了虛妄故로 爲我也에 瞋之慢之하나니 若二鬼之爭一屍也라 一屍之爲體를 一日泡聚요 一日夢聚요 一日糞聚니 非徒速朽라 亦甚鄙陋하야 上七孔엔 常流涕唾하고 下二孔엔 常流屎尿할새 故로 須十二時中에 潔淨身器하야 以參衆數니 凡行이 麤不淨者는 善神이 必背去일새니라 因果經에 云 將不淨手로 執經卷커나 在佛前涕唾者는 必當獲厠蟲報라하시고 文殊經에 云 大小便時엔 狀如木石하야 愼勿語言作聲하며 又勿畵壁書字하며 又勿吐痰入厠中하라하시며 又云 登厠에 不洗淨者는 不得坐禪床하며 不得登寶殿하라하시고 律에 云 初入厠時에 先須彈指三下하야 以警在穢之鬼하고 默誦神呪를 各七遍이니

初誦入厠呪曰「옴 하로다야 사바하」
次誦洗淨呪曰「옴 하나마리졔 사바하」[36]
右手執瓶 左手(用無名指)洗之하되 淨水를 旋旋傾之하야 着實洗淨하고
次誦洗手呪曰「옴 주가라야 사바하」
次誦去穢呪曰「옴 시리혜 바헤 사바하」
次誦淨身呪曰「옴 바아라 놔가닥 사바하」
此五神呪는 有大威德하야 諸惡鬼神이 聞必拱手하나니 若不如法誦之則 雖用七恒河水하야 洗至金剛際[37]라도 亦不得身器淸淨하리라하시고 又云 洗淨엔 須用冷水하며 洗手엔 須用皂角이니 又木屑灰泥도 亦通

---

36) 若不洗淨則 此下誦無甁水眞言도 亦可하니 無甁水眞言 摘葉蓮花枝 還同海上波 此處無甁水 淸淨琉璃界 옴 정체 헤체 사바하(七遍)이엄""
37) 地下金輪이 爲最低故로 云爾라

하니라 若不用灰泥則 濁水- 淋其手背하야 垢穢尙存하야 禮佛誦經에
必得罪云云이라하시니 此登厠洗淨之法은 亦是道人의 日用行實故로
略引經語하야 幷附于此하노라

069

有罪卽懺悔하고 發業卽慚愧하면 有丈夫氣象이요 又改過自新하면 罪隨
心滅하니라

懺悔者는 懺其前愆하고 悔其後過요 慚愧者는 慚責於內하고 愧發於
外니 然이나 心本空寂이라 罪業이 無寄니라

070

道人은 宜應端心하야 以質直爲本이니 一瓢一衲으로 旅泊無累니라

佛이 云 心如直絃이라하시고 又云 直心이 是道場이라하시니 若不耽着此
身則 必旅泊에 無累니라

071

凡夫는 取境하고 道人은 取心이어니와 心境을 兩忘하야사 乃是眞法이니라

取境者는 如鹿之趁空花也요 取心者는 如猿之捉水月也라 境心이 雖

殊나 取病則 一也니라 此는 合論凡夫二乘하니라

頌 __ 天地尙空秦日月이요 山河不見漢君臣[38]이로다

072

聲聞은 宴坐林中호대 被魔王捉이어니와 菩薩은 遊戱世間호대 外魔不覓이니라

聲聞은 取靜爲行故로 心動이니 心動則 鬼見也요 菩薩은 性自空寂故로 無迹이니 無迹則 外魔不見이니라 此는 合論二乘菩薩하니라

頌 __ 三月懶遊花下路에 一家愁閉雨中門[39]이로다

073

凡人이 臨命終時에 但觀五蘊皆空하고 四大無我니 眞心은 無相하야 不去不來일새 生時에도 性亦不生이며 死時에도 性亦不去라 湛然圓寂하야 心境一如니 但能如是直下頓了하야 不爲三世의 所拘繫[40]하면 便是出世自由人也니라 若見諸佛이라도 無心隨去하며 若見地獄이라도 無心怖畏하야 但自無心하면 同於法界리니 此卽是要節也라 然則 平常은 是因이요 臨終은

---

38) 天地云云은 諭心境之兩忘也요 山河云云은 諭尙未之盡善也라
39) 三月云云은 言菩薩之無心也요 一家云云은 言二乘之取靜也라
40) 過去事는 不追하고 未來事는 不迎하며 現在事엔 不留心이니 無所繫也라

是果니 道人은 須着眼看이어다

怕死老年에 親釋迦[41]로다

頌 _ 好向此時明自己하라 百年光影이 轉頭非니라

074
凡人이 臨命終時에 若一毫毛라도 凡聖情量이 不盡하야 思慮를 未忘하면 向驢胎馬腹裏하야 托質커나 泥犁鑊湯中에 煮煠커나 乃至依前再爲螻蟻蚊虻하리라

白雲이 云 設使一毫毛- 凡聖情念이 淨盡이라도 亦未免入驢胎馬腹中이라하시니 二見이 星飛하야 散入諸趣니라

頌 _ 烈火- 茫茫한대 寶劒이 當門이로다

評曰 此二節은 特開宗師의 無心合道門하고 權遮敎中의 念佛求生門이니 然이나 根器不同하고 志願이 亦異라 各各如是- 兩不相妨이니 願諸道者는 平常隨分하야 各自努力하야 最後刹那에 莫生疑悔어다

---

41) 宋代 邵康節詩一節云 求名少日投宣聖 怕死老年親釋迦라하다

075

禪學者가 本地風光을 若未發明則 孤峭玄關을 擬從何透리오 往往에 斷滅空으로 以爲禪하며 無記空으로 以爲道하며 一切俱無로 以爲高見이어니와 此는 冥然頑空이라 受病幽矣니 今天下之言禪者- 多坐在此病하니라

向上一關은 捉足無門이라 雲門이 云 光不透脫에 有兩種病이어니와 透過法身하야도 亦有兩種病하니 一一透過[42]하야사 始得타하시니라

頌 __ 不行芳草路면 難至落花村이니라

076

宗師- 亦有多病하니 病在耳目者는 以瞠眉努目과 側耳點頭로 爲禪하고 病在口舌者는 以顚言倒語와 胡唱亂喝로 爲禪하며 病在手足者는 以進前退後와 指東劃西로 爲禪하고 病在心服者는 以窮玄究妙와 超情離見으로 爲禪하나니 據實而論컨댄 無非是病이니라

殺父母者는 佛前懺悔어니와 謗般若者는 懺悔無路니라

頌 __ 空中撮影이 非爲妙어늘
　　　 物外追蹤이 豈俊機리오

---

42) 雲門光不透脫有二種病者는 一切處不明하야 面前有物이 是一이요 雖云透過法身하야도 明明地- 似有介物相似면 亦是光不透脫이라 法身亦有兩般病하니 法身不忘한 已見이 尙存하야 滯在法身邊이 是一이요 透過法身去라도 放過卽不可라 仔細點檢來하야 有什麽氣息이면 亦是病也라

077

本分宗師의 全提此句는 如木人唱拍하고 紅爐點雪하며 亦如石火電光(三句也)하야 學者- 實不可擬議也일새 故로 古人이 知師恩曰 不重先師道德이요 只重先師- 不爲我說破라하시니라

不道不道[43]하라 恐上紙墨이로다

頌 _ 箭穿江月影하니 須是射鵰人이로다

078

大抵學者는 先須詳辨宗途니라 昔 馬祖一喝也에 百丈은 耳聾하고 黃蘗은 吐舌하니 這一喝이 便是拈花消息이며 亦是達磨初來底面目이로다 吁라 此- 臨濟宗之淵源이니라

識法者- 懼니 和聲便打니라

頌 _ 杖子一枝無節目을 慇懃分付夜行人이로다

昔馬祖一喝也에 百丈은 得大機하고 黃蘗은 得大用하니 大機者는 圓

---

43) 道吾宗智禪師受齋請赴往次에 漸圓隨從矣라 圓이 問屍棺於師曰 是生耶아 死耶아 師曰 生也不道 死也不道니라 圓曰 爲什麽不道 師曰 不道不道니라 翌日還歸次에 圓又問이 是生耶아 死也아 師曰生也不道死也不道니라 圓曰師爲不道면 吾即打하리라 師曰 打卽任打나 道卽不道니라하다 詳見傳燈하라

應으로 爲義하고 大用者는 直截로 爲義라 事見傳燈錄이니라

079
大凡祖師宗途- 有五하니 曰臨濟宗 曰曹洞宗 曰雲門宗 曰潙仰宗 曰法眼宗[44]이라

〔臨濟宗〕 本師釋迦佛로 至三十三世六祖慧能大師下하야 直傳이니 曰南嶽懷讓 曰馬祖道一 曰百丈懷海 曰黃蘗希運 曰臨濟義玄 曰興化存奘 曰南院道顒 曰風穴延沼 曰首山省念 曰汾陽善昭 曰慈明楚圓 曰楊岐方會 曰白雲守端 曰五祖法演 曰圓悟克勤 曰徑山宗杲禪師等이요

〔曹洞宗〕 六祖下傍傳이니 曰靑原行思 曰石頭希遷 曰藥山惟儼 曰雲嚴曇晟 曰洞山良价 曰曹山耽章 曰雲居道膺禪師等이요

〔雲門宗〕 馬祖傍傳이니 曰天王道悟 曰龍潭崇信 曰德山宣鑑 曰雪峰義存 曰雲門文偃 曰雪竇重顯 曰天衣義懷禪師等이요

〔潙仰宗〕 百丈傍傳이니 曰潙山靈祐 曰仰山慧寂 曰香嚴智閑 曰南塔光湧 曰芭蕉慧淸 曰霍山景通 曰無着文喜禪師等이요

〔法眼宗[45]〕 雪峰傍傳이니 曰玄沙師備 曰地藏桂琛 曰法眼文益 曰天台德韶 曰永明延壽 曰龍濟紹修 曰南臺守安禪師等이니라

---

44) 後人評曰 臨濟는 明機用하고 曹洞은 明向上하며 雲門은 明直截하고 潙仰은 明體用하며 法眼은 明惟心이라하다 機用與體用이 有異者는 所造尤深故로 謂之大機等也라
45) 與圓頓敎所明旨趣似同而異者는 有活句消息也라

《臨濟家風》 赤手單刀로 殺佛殺祖로다 辨古今於玄要하고 驗龍蛇於主賓이로다 操金剛寶劍하야 掃除竹木精靈하고 奮獅子全威하야 震裂狐狸心膽이로다 要識臨濟宗麽아 靑天轟霹靂하고 平地起波濤니라

《曹洞家風》 權開五位[46]하야 善接三根이로다 橫抽寶劍하야 斬諸根稠林하고 妙協弘通하야 截萬機穿鑿[47]이로다 威音那畔에 滿目煙光이요 空劫已前에 一壺風月이로다 要識曹洞宗麽아 佛祖未生空劫外에 正偏이 不落有無機니라

《雲門家風》 劍鋒에 有路하고 鐵壁에 無門이로다 掀翻露布葛藤하고 剪却常情見解로다 迅電을 不及思量이어니 烈焰에 寧容湊泊이리오 要識雲門宗麽아 拄杖子ㅣ 悖跳上天하고 盞子裡에 諸佛이 說法이로다

《潙仰家風》 師資唱和에 父子一家로다 脅下書字하니 頭角峥嵘이요 室中驗人에 獅子腰折이로다 離四句絶百非를 一搥로 粉碎하니 有兩口無一說[48]이여 九曲珠通이로다 要識潙仰宗麽아 斷碑는 橫古路하고 鐵牛는 眠少室이로다

《法眼家風》 言中有響하고 句裡藏鋒이라 觸體ㅣ 常干世界호대 鼻孔이 磨觸家風[49]이로다 風柯月渚ㅣ 顯露眞心하고 翠竹黃花ㅣ 宣明妙法이로다 要識法眼宗麽아 風送斷雲歸嶺去하고 月和流水過橋來로다

- 別明臨濟宗旨 大凡一句中에 具三玄하고 一玄中에 具三要하니 一句는 無文綵印이요 三玄三要는 有文綵印이라 權實은 玄이요 照用은

---

46) 五位者는 正中偏 偏中正 正中來 偏中止 兼中到也라
47) 思量卜度也라
48) 仰山云 有兩口無一說은 是吾宗旨也라하다
49) 觸體는 八識也요 干은 犯也라 言終日分別而未甞分別也라

要니라

● 三句 第一句는 喪身失命이요 第二句는 未開口錯이요 第三句는 糞箕掃箒[50]니라

● 三要 一要는 照卽大機요 二要는 照卽大用이요 三要는 照用同時니라

● 三玄 體中玄은 三世一念等이요 句中玄은 徑截言句等[51]이요 玄中玄은 良久棒喝等이라

● 四料揀 奪人不奪境은 待下根이요 奪境不奪人은 待中根이요 人境兩俱奪은 待上根이요 人境俱不奪은 待出格人이라

● 四賓主 賓中賓은 學人이 無鼻孔[52]이니 有問有答하고 賓中主는 學人이 有鼻孔이니 有主有法하며 主中賓은 師家無鼻孔이니 有問在[53]하고 主中主는 師家有鼻孔이니 不妨奇特하니라

● 四照用[54] 先照後用은 有人在요 先用後照는 有法在요 照用同時는 驅耕奪食[55]이요 照用不同時는 有問有答이라

● 四大式 正利는 少林面壁類요 平常은 禾山打鼓類요 本分은 山僧不會類요 貢假는 達磨不識類라

● 四喝 金剛王寶劍은 一刀에 揮斷一切情解요 踞地獅子는 發言吐氣에 衆魔腦裂이요 探竿影草는 探其有無師承鼻孔이요 一喝不作一喝用은 具上三玄四賓主等[56]이라

---

50) 똥삼택이
51) 麻三斤乾屎橛類也라
52) 本分消息也라
53) 有時乎有問也
54) 照通於內하고 用現於外라
55) 驅耕夫之牛와 奪飢人之食은 言一切掃蕩也라

●八棒 觸令返玄과 接掃從正과 靠玄傷正과 苦責은 罰棒이요 順宗旨는 賞棒이며 有虛實은 辨棒이요 盲枷⁵⁷⁾는 瞎棒이며 掃除凡聖은 正棒이니라

此等法은 非特臨濟宗風이나 上自諸佛로 下至衆生히 皆分上事⁵⁸⁾니 若離此說法하면 皆是妄語니라

080

臨濟喝- 德山棒이 皆徹證無生하사 透頂透底로다 大機大用이 自在無方하사 全身出沒하고 全身荷擔하야 退守文殊普賢의 大人境界어니와 然이나 據實而論컨댄 此二師도 亦不免偸(薄也)心鬼子니라

凜凜吹毛⁵⁹⁾여 不犯鋒鋩이로다

頌_爍爍寒光珠眉水한대 寥寥雲散月行天이로다

---

56) 探竿-測水深淺之竿也 窺主人宿覺之影草也 探其師承鼻孔之有無也라 不作一喝用者는 如上金剛踞地等이니 言不但具三玄四賓等 乃至佛說藏教, 祖師之眞機-無不皆具於一喝之中也라
57) 無端契棒謂之盲枷也
58) 言本自具足이라 非假於外故也
59) 吹毛는 劍名이니 言其利也라 吹毛於刃而可斷故로 名之也니라

081

大丈夫는 見佛見祖를 如怨家어다 若着佛求하면 被佛縛이요 若着祖求하면 被祖縛이라 有求皆苦니 不如無事니라

佛祖如冤者는 結上無風起浪也요 有求皆苦者는 結上當體便是也요 不如無事者는 結上動念卽乖也니 到此하야 坐斷天下人舌頭하고 生死迅輪이 庶幾停息也라 扶危定亂은 如丹霞燒木佛과 雲門喫狗子와 老母不見佛로 皆是摧邪顯正底手段이나 然이나 畢竟如何오

頌_常憶江南三月裡에 鷓鴣啼處百花香이로다

082

神光이 不昧하야 萬古徽猷어니 入此門來인댄 莫存知解하라

神光不昧者는 結上昭昭靈靈也요 萬古徽猷者는 結上本不生滅也요 莫存知解者는 結上不可守名生解也라 門者는 有凡聖出入義니 如荷澤의 所謂知之一字- 衆妙之門也라 吁라 起於名狀不得하야 結於莫存知解하니 一篇葛藤을 一句都破也로다 然이나 始終一解에 中擧萬行은 如世典之三義也[60]라 知解二字가 佛法之大害故로 特擧而終之하니 荷澤神會禪師-不得爲曹溪嫡子者-以此也니라 因而頌日
如斯擧唱明宗旨인댄 笑殺西來碧眼僧이로다

---

60) 中庸- 始言一理, 中敎爲萬事, 末復合爲一理也라하니 此遍意志도 亦同也라

然이나 畢竟如何오 咄!
孤輪獨照江山靜하니 自笑一聲天地驚[61]이로다

妙香山 藏版本 禪家龜鑑 終

---
61) 便是明宗旨之消息也라

•跋

右編은 乃曹溪老和尙 退隱師翁所著也라 噫라 二百年來에 師法이 益喪하야 禪敎之徒가 各生異見하니 宗敎者는 唯耽糟粕하야 徒自算沙하고 不知五敎之上에 有直指人心하야 使自悟入之門이요 宗禪者는 自恃天眞하야 撥無修證하고 不知頓悟後에 始卽發心하야 修習萬行之意하니 禪敎-混濫이 沙金을 罔分이라 圓覺에 所謂聞說本來成佛하고 謂本無迷悟라하야 撥置因果則 便成邪見이요 又聞修習無明하고 謂眞能生妄이라하야 失眞常性則 亦成邪見者- 是也니라 嗚呼殆哉라 斯道不傳이 何若是甚也오 綿綿涓涓이 如一髮引千鈞하야 幾乎落地無從矣러니 賴我師翁이 住西山 一十年鞭牛有暇에 覽五十本經論語錄타가 間有日用中- 參決要切之語句則輒錄之하야 時與室中二三子로 詢詢然誨之하니 一如牧羊之法이라 過者- 抑之하고 後者- 鞭之하야 驅入於大覺之門하니 老婆心得徹困이 若是其切也언만은 奈二三子- 鈍根也요 返以法門之高峻으로 爲病하니 師翁이 愍其迷蒙하야 各就語句下에 入註而解之하며 編次而繹之하니 鉤鎖連環하고 血脈相通이라 萬藏之要와 五宗之源이 極備於此하니 言言見諦요 句句朝宗이라 向之偏者- 圓之하고 滯者- 通之하니 可謂禪敎之龜鑑이요 解行之良藥也로다 然이나 師翁이 常與論這般事하되 雖一言半句라도 如弄劒刃上事하야 恐上紙墨하시니 豈欲以此流通하야 誇衒已能也哉아 門人白雲禪師普願이 寫之하고 門人碧泉禪德義天이 校之하고 門人大禪師大常과 門人靑霞道人法融等이 稽首再拜曰 未曾有也라하고 遂

與同志六七人으로 傾鉢囊中所儲하야 入梓流通하야 以報師翁訓蒙之恩也라 大機龍藏이 汪洋하야 渺若淵海하니 雖言探龍珠采珊瑚者라도 孰從而求之리요 非入海如陸之手段이면 頗不免望涯之歎이로다 然則撮要之功과 發蒙之惠가 如山之高- 若海之深이라 設若碎萬骨粉千命인들 如何報得一毫哉리오 千里之外에 有見之聞之하야 不驚不疑하고 敬之讀之하야 以爲寶玩則 眞所謂千歲之下- 一子雲耳로다

時 萬曆 己卯春
曹溪宗遺 四溟鐘峰 惟政은
拜手口訣하고 因爲謹跋하노라

부록

禪宗決疑集

禪宗決疑集

西蜀野衲 智徹 述

源湛流淸門

原夫法不孤起有自來由, 欲盡群疑須開微惑. 昔年行履今日披陳, 學者見聞從其簡易. 余出家時晚進道心堅, 不顧危亡專心直向, 縱使逢魔逢難此念不忘, 假饒遇辱遇榮一心不變, 故名擔板漢是爲執固人, 不下鐵心腸焉領如是事. 早年雖處五欲之中如遊園觀相似, 塵勞滾滾世事紛紛, 觸境無爲心常憺泊, 得來不喜應用無方, 失去何憂現前無所. 余初居學地歷事多艱, 微細推窮無深趣向. 壯年憖强作事不讓庸人, 勇猛工夫究竟難爲. 道伴實情相告剖析來因, 道在人弘無論僧俗.

근원이 맑으면 흐름도 깨끗함

무릇 어떤 법이든 (근거 없이) 홀로 생기는 법은 없어 저절로 그럴 만한 원인이 있기 마련이다. 또한 온갖 의혹들을 말끔히 씻어내려면 반드시 조그마한 의혹부터 밝혀야 한다.

이미 지난 날 살아온 행적들을 오늘 이 자리에서 낱낱이 펼쳐 보이는 것은 학인들이 보고 듣고서 보다 쉽게 그 간편함을 좇게 하기 위해서이다.

나는 남보다 늦게 출가했기 때문에 더욱 도를 향한 마음을 굳세게 먹고 어떤 위험이나 죽음조차도 돌아볼 틈 없이 그저 전력을 다해 앞으로만 향하여 내달렸다. 비록 마군이나 환난을 만나더라도 이 마음만은 잃지 않았고, 또한 영달이나 모욕을 당하더라도 역시 이 마음은 변치 않았다. 그래서 남들은 나를 곧잘 '담판한(擔板漢)'이라고들 하였는데 이는 아마 고집쟁이라는 뜻일 것이다.

그러나 이처럼 굳센 마음을 갖지 않았다면 어떻게 이 일을 해 마칠 수 있었겠는가? 젊어서는 비록 오욕(五欲) 가운데 처해 있기도 했으나 마치 동산에 노닐 듯 했으며, 번뇌가 끊임없고 세상 일이 분주하더라도 마음은 늘 담박하여 얻은 게 있더라도 응용의 자유로움을 기뻐하지 않았으니, 잃었다고 하여 어찌 눈앞의 불이익을 근심하였으랴?

내가 처음 배우는 처지에 있을 때 겪었던 온갖 고난들을 모두 들추어 여기에 낱낱이 밝히고 싶은 생각은 없다. 다만 젊었을 적엔 억지로라도 감히 남에게 지지 않았다 할 만큼 애쓴 것은 사실이나, 구경에 갈수록 용맹을 다해 공부에 매진하는 일이 더욱 어려웠던 것도 사실이다.

도반들에게 그간의 실정들을 있는 대로 토로하면서 이렇게 걸어온 원인을 곰곰이 분석해 보면 역시 도란 사람이 넓힘에 있는 것이지 결코 승속을 따질 필요가 없는 것이었다.

離塵精進門

緣智徹二十六歲受戒持齋專心念佛. 至三十一世離火宅爲僧參禪請益. 師雲峰和尚令參萬法歸一一歸何處. 遂與光兄結伴迤邐至於夔府何堂主庵. 所居幽隱就便作住. 自於聖像之前然香設誓. 立行三

年死限誓云, 我若懶墮欲求坐臥取安身粘床橙陷入無間地獄永無出期. 自此晝夜徐行周而復始. 除二時粥飯方坐. 其餘茶湯之類亦不駐足. 道友施主相訪亦不陪侍. 言語省減單只擧箇萬法歸一一歸何處. 只向這一字上切切用疑. 有時得力如靑天白日無一點雲翳相似. 但覺一字疑情於心中活潑潑地如珠走盤縱橫無碍. 到此不知有身在地上行亦不知有世間之事動靜寒溫折旋俯仰大小便利, 都無計較分別之心, 只隨此疑信步而行, 喫粥喫飯信手拈匙放筋, 又不知飯食中辛酸鹹淡之味, 到此方知是淨念相繼制之一處的工夫也.

　余擧此一事或有未做工夫之人疑而不信者, 謾說二小喩, 譬如世有勇士發一奮怒入百萬軍中奪其帥者, 彼欲得勝收功不顧危亡, 一念直前更無退志, 其意與學道人亦然也. 又如吾輩欲求無上妙道用報四重深恩, 借父母之遺體或燃一香一指一臂發一念精進之心痛苦皆亡, 何故, 蓋無第二念, 纔知痛苦卽落第二念也. 說此二喩只要學人深信此事不得狐疑, 工夫做到方有相應, 以此主張做工夫得力底樣子也.

세속을 떠나 정진하다

　지철(智徹)은 26세 때 계를 받고 재계하며 일심으로 염불하다 31세에 이르러 세속을 버리고 출가하여 참선을 배우고 도를 물었다.

　스승이신 운봉(雲峰) 화상은 "만법이 하나로 돌아가니, 하나는 어디로 돌아가는가?(萬法歸一一歸何處)"라는 화두를 참구하게 하였다.

　그리하여 광(光) 형과 도반을 맺고 여러 곳을 다니다 기부(夔府)에 있는 하당주(何堂主)의 암자에 이르니, 처소가 깊고 아늑하여 제법 오래 머물러 지낼 만하였다.

성상(聖象) 앞에 나아가 향을 사루고 맹세코 3년 동안 서서 공부하기를 죽기로 한정하고 이렇게 서원하였다.

"제가 만일 나태해져 앉거나 누우려고 자리나 평상에다 몸을 붙인다면 무간지옥에 떨어져 영원히 벗어날 기약이 없어지이다."

이로써 밤낮 주위를 돌며 천천히 걸었다. 두 끼의 공양 때만 자리에 앉았을 뿐, 그 밖에 차를 마실 때도 역시 발을 멈추지 않았으며, 도반이나 시주가 방문했을 때에도 또한 나가 맞이하는 법이 없었다. 말을 극도로 줄이며 다만 "만법귀일 일귀하처"만을 들어 이 한마디를 향해 간절히 의심을 지어갈 뿐이었다.

어떤 때는 청천백일에 한 점의 구름도 없는 듯 산뜻한 힘을 얻어 단지 이 한 마디 의정(疑情)만이 마음속에 분명히 이어지기도 했는데, 마치 구슬이 소반 위에서 가로 세로 걸림 없이 구르는 것과도 같은 느낌이었다.

이 때는 몸이 땅 위로 걸어 다니고 있는지도 몰랐을 뿐 아니라, 세상일은 물론 추위 더위도 느끼지 못하였고 팔을 들고 발을 뻗으며 머리를 들고 숙이며 대소변을 보는 등 어떤 일에도 도무지 분별하고 계교하는 마음이 없었다. 다만 이 의정을 따라 자유롭게 걷고 행할 뿐이었고 죽을 먹거나 밥을 먹을 때도 손 가는 대로 그저 수저를 집고 놓을 뿐, 맵고 짜고 시고 싱거운 맛들도 전혀 느끼지 못하였는데 이런 지경에 이르러서야 비로소 이것이 정념(淨念)이 상속하는 것이며, 한 곳에 집중하는 공부임을 알 수 있었다.

내가 이런 말을 하면 아직 공부를 제대로 해보지 못한 이들은 간혹 의심하고 믿지 않으려 하는 자도 있을 것이나 생각나는 대로 두어 가지의 비유를 들어 보겠다.

여기 한 용감한 군사가 있어 그는 한번 분노하면 백만 군중에 뛰어 들어 당장 그의 장수를 뺏어 온다. 그는 승리를 얻고 공을 거두기 위해서는 어떤 위험이나 죽음 따위도 아랑곳하지 않아 한번 노하면 앞으로만 내달릴 뿐, 물러 갈 생각은 결코 하지 않는다. 그의 의지는 도를 배우는 사람과 조금도 다를 바 없다.

또한 우리들이 무상의 묘도(妙道)를 찾으려는 것은 네 가지 중요하고 깊은 은혜를 갚고자 해서다. 부모의 유체(遺體)를 빌려 향을 사루고 손가락이나 팔뚝을 태우지만 일념으로 정진하는 마음은 그 모든 고통마저 잊게 한다. 무엇 때문인가? 다른 생각은 일체 없기 때문이다. 만일 고통을 느낀다면 이내 벌써 다른 생각에 떨어진 것이다.

이렇게 비유를 들어보는 것은 학인들이 이 사실을 깊이 믿고 의심하지 말기를 바라서다. 공부를 해 보면 언젠가는 상응할 때가 있을 것이다. 이것으로써 공부하여 힘을 얻는 본보기를 보였다.

却步復陞門

　此擧有時不得力, 這一字上疑情旋疑旋失, 不落昏沈便歸散亂. 若用力疑轉不得力退之又退, 此退之一字多者不知, 故擧小喩以明斯事. 且如世有貧窮之人聞萬里之外有珍寶所, 往而求之或行一千二千乃至五千而生退還不復前進, 退之不已驀然自嘆曰我若退還枉費前功永受飢寒貧窮困苦, 翻思此寶去者人人有分何故我自棄之, 於此奮起堅志又復前進不憚疲勞不避寒暑直至寶所得大富饒安樂眷屬, 世事皆然. 設此進退之喩, 皆是主張做工夫不得力處使其復還得

九. 誠恐後來學者中道而廢故以此事重加勉勵.

뒤로 물러갔다 다시 올라 섬

여기서는 공부가 때로 힘을 얻지 못하는 경우에 대하여 말하겠다.

이 일자상(一字上)의 의정에 의심이 일기도 하다가 깜박 잊어버리기도 하는 것은 대개 혼침(昏沈)에 떨어지지 않았으면 산란(散亂)에 빠졌을 경우다. 만약 힘써 의심을 하는데도 점점 도리어 힘을 얻지 못한다면 급기야는 끝없이 뒤로 물러날 생각밖에 나지 않으리라.

이 물러난다는 말을 잘 이해하지 못하는 이들이 많은 듯해서 비유 하나를 들어 설명해 보겠다.

어떤 가난한 사람이 만 리 밖에 진귀한 보물이 감추어져 있다는 소문을 듣고 이를 찾아 길을 떠났다. 그러나 그는 천 리나 2천 리, 혹은 5천 리나 되는 길을 걸어가다가 점점 그만 싫증이 나서 더 나아가지 못하고 되돌아오고 있었다. 그러다 문득 스스로 후회하며 탄식한다.

"내가 이렇게 중도에서 포기하고 돌아간다면 이제까지 걸어 온 노력도 헛될 뿐 아니라, 앞으로 굶주림과 추위, 가난과 고통을 영원히 감수해야 할 수밖에 없을 것이다. 그러나 이제라도 생각을 되돌려 끝까지 매진하기만 한다면 누구라도 이 보물을 얻을 수 있거늘, 무엇 때문에 내가 이것을 중도에 포기하고 만단 말인가?"

이렇게 분발하여 일어나 굳은 신념으로 다시 앞으로 나아갔다. 피로도 꺼리지 않았고 추위나 더위도 피하지 않았다. 그는 드디어 보배 있는 곳에 당도하여 큰 부자가 되고 가족을 두루 편안케 해줄 수 있었다.

세상일이란 다 그렇다. 이처럼 나아가고 물러나는 비유를 든 것은 모두 공부를 하는데도 힘을 얻을 수 없었다고 주장하는 이들을 위해 그들이 다시 힘을 내기를 바라서다.

뒷날 혹시 학인들이 공부하는 중도에서 그만 포기하려는 이들이 있지 않을까 걱정되어 (아래에서도) 이 일을 거듭 책려하려 한다.

退墮策勵門

此擧退與不得力事分兩說, 學人不得一例而擧. 此下重明這箇退字使學者知之. 退者退菩提心退長遠心退精進心, 佛不欲禮道不欲修善知識不欲見道友不欲親話頭不欲擧, 只好散誕自在, 若有這般退念起時, 或是用心過度, 或是宿障重善根微弱, 數數向諸佛菩薩像前五體投地, 然指然香發露前愆求哀懺悔勇猛擧起話頭, 此念如湯消氷倏爾無餘, 純一淨念學者須知. 余遇此退念起時, 卽便然香發露懺悔求佛哀祐卽擧話頭, 此念應時隨滅. 此是已驗之事, 故錄此以警後學者也.

퇴타(退墮)를 책려함

여기서는 '물러남(退墮)' 과 '힘을 얻지 못하는(不得力)' 경우를 둘로 나누어 설명할까 하는데 한 가지 예만으로는 학인들이 보다 선명하게 이해하지 못할 것 같아 거듭 이 '물러남'에 대해 한 번 더 설명하여 학인들이 분명히 알고 넘어가게끔 하겠다.

'물러남(退)' 이란 보리심(菩提心)에도 장원심(長遠心)에도 정진심(精

進心)에도 모두 점점 퇴보해서 급기야는 부처님께 예배하기도 싫어지고, 도를 닦기도 싫어지며, 선지식을 친견하기나 화두를 드는 거나 도우를 가까이 하는 등 모든 게 다 싫고 귀찮아져 그저 제멋대로 방탕하고 싶은 마음뿐이다.

　이런 퇴타심이 일어나는 데는 대개 평소 용심(用心)이 너무 지나쳤거나 아니면 숙세의 업장이 깊어 선근이 미약한 탓으로 볼 수 있다.

　이럴 때는 자주 제불보살 앞에 나아가 오체투지하고 손가락을 태우거나 향을 사루면서 전생의 허물을 드러 내 참회(懺悔)하고 다시 용맹스러운 마음으로 힘껏 화두를 참구하라. 그러다 보면 이런 생각들은 어느새 끓는 물에 얼음이 녹듯 자취 없이 사라지고 순일 정념해질 것이니, 학인은 반드시 알아두어야 할 것이다.

　나도 이런 퇴타심(싫증)에 빠져 헤맬 때가 있었는데 그럴 땐 곧장 부처님 앞에 나아가 발로 참회하고 도와주실 것을 간절히 빈 후에 다시 화두를 들었더니, 이내 이러한 생각이 사라졌다.

　이것은 내가 이미 경험했던 일이라, 그래서 이 일을 여기 기록하여 후학들을 경책하는 것이다.

懈怠勉勤門

　此擧不得力者, 或是話頭上無疑, 或是話頭擧不起或沈或浮. 或隨聲色或逐攀緣或喜睡眠, 皆是懶惰懈怠恣縱身心, 於生死事上用心不切, 隨處樂着故不得力. 此二種病余工夫未純熟時數數而起, 只向話頭上決起疑情, 亦不用分別排遣是非, 疑情一旣此念頓消. 已上所說皆無他事, 只要決擇學人做工夫處乾乾淨淨洒洒落落無一點異念上心, 將從前生而知之者, 學而知之者, 記得佛說者, 祖說者, 諸子百家所說者, 於此一筆句下, 直得水洗不通聖凡情盡, 到此參箇話頭或參無字話, 或舉萬法歸一一歸何處, 一肩領荷奮力趨前更莫回顧, 直至歸家穩坐方是安樂底時節也.

게으름을 떨쳐 내는 일에 부지런히 힘쓸 것

다음 '힘을 얻지 못하는 경우(不得力)'에 대해 말해보겠다.

혹시 드는 화두에 의심이 없거나, 화두를 들어도 잘 들리지 않고 마음이 쉴 새 없이 가라앉다가 들뜨기도 하며, 성색(聲色)을 따라가거나, 주변의 반연(攀緣)에 끄달리거나, 아예 수면(睡眠)에 즐겨 빠지는 것은, 모두가 나태하고 게을러 몸과 마음이 하는 대로 내맡겨만 둘 뿐, 생사(生死)의 일에 용심(用心)이 간절하지 못하여 되는 대로 즐겨 집착하기 때문에 결국 공부에 힘을 얻지 못하고 마는 것이다.

위에 말한 두 가지의 병은 나도 공부가 순일하지 못했을 적엔 자주 일어났었는데 그 때마다 **다만 화두를 향해 결단코 의정을 일으켰을 뿐,** 어떤 분별이나 시비에도 끄달리지 않았다. 이같이 애써 의정이 한 번 일어나니 이런 분별의 생각들은 금방 사라져 버렸다.

이상에서 말한 것은 별다른 일이 아니고 다만 학인들이 바르게 공부 지어가야 할 곳을 분명히 결택하도록 책려하기 위해서니, 깨끗하고 말쑥한 본바탕의 마음 위에 티끌만큼의 다른 생각도 발붙일 곳이 없어야 한다. 전생부터 알았거나 배워 알아 기억하고 있는 부처님의 말씀이든 조사의 말씀이든 제자백가의 말을 막론하고 오로지 이 한마디 구절로 바로 물샐틈없이 범성의 분별정회를 싹 쓸어버린 위에서 간절히 화두를 참구해야 하는 것이다.

혹은 '무(無)' 자를 들거나 '만법귀일 일귀하처'를 들거나 간에, 한 어깨에 짊어지고 힘을 다해 냅다 앞으로 내달리고 나면 다시는 뒤돌아 볼 틈을 주지 말고 곧바로 집에 도달해 편안히 앉도록 하라. 이 때야말로 비로소 평안한 시절일 것이다.

執碍決擇門

此上兩則語皆出趙州和尙叢林多擧, 每見同道者於無字上各出異見, 或者執空執有執斷執常, 執空者謂趙州道無萬法本無本性無故何疑之有, 執有者謂趙州道無指有言無無中卽有又何疑哉, 執斷者謂趙州道無萬有皆空無一可取何必疑耶, 執常者謂趙州道無眞性常存寂然不動何用着疑. 噫, 所見偏枯故有此失. 若如此主張不須用疑得無上菩提者, 除是天生彌勒自然釋迦始得. 譬如世間工巧藝術之人各有所務未有不疑而成事者也.

此疑之一字便是思想用謀之心, 體同而名異耳. 如楞嚴會上二十五圓通各有所疑方有所證, 此事不必細註衆所共知.

집착의 장애를 바로 알아 (바른 길을) 결택하게 함

앞장에서 거론했던 두 가지 공안은 모두 조주 화상에게서 나온 것으로 제방 총림에서 흔히들 참구하는 화두다.

그런데 함께 공부하는 스님들 중엔 저 '무' 자에 대해 제각기 온갖 견해에 잡혀 있음을 볼 수 있는데, 어떤 이는 공(空)에 집착하고 혹은 유(有)에 집착하며 단견(斷見)에 집착하기도 하고 또는 상견(常見)에 집착하기도 한다.

공에 집착하는 이는 '조주가 무라 한 것은 만법이 본래 무라는 뜻이니, 이는 본성이 없기 때문인데 새삼 의심할 것이 무엇이랴?' 하고, 유에 집착하는 이는 '조주가 무라 한 것은 유를 가리켜 무라고 말한 것으로, 무 가운데 곧 유인 것이니 또한 무엇을 의심하랴?' 한다.

단견에 집착하는 이는 '조주가 무라 한 것은 만유가 다 공하여 하나도 취할 것이 없음을 말함이니 무엇을 다시 의심할 필요가 있겠는가?' 하고, 상견에 집착하는 이는 '조주가 무라 한 것은 진성(眞性)이 항상 존재하여 고요하여 움직이지 않는다는 뜻이니 무엇을 굳이 의심하랴?' 한다.

아! 소견이 고루함에 치우쳐 이런 잘못을 저지르게 되는 것이다.

만일 이 같은 주장대로 굳이 의심하지 않고도 무상보리를 얻을 수 있다면 하늘에서 떨어진 미륵이거나 자연으로 생긴 석가라야 되리라.

비유컨대 세상에 뛰어난 예술인치고 일찍이 자신이 하는 일에 깊이 의심(苦悶)도 해 보지 않은 채 (공짜로) 큰일을 이룬 자는 결코 없었다.

이 의(疑)란 곧 '깊이 생각하고 애써 궁리하는 마음'으로 같은 바탕의 다른 이름일 뿐이니, 능엄회상의 25원통(圓通)에도 제각기 의심하는 바에 따라 비로소 증득한 곳이 있었던 것이다. 이 일은 굳이 세세히 설명할 필요가 없으니 누구나 다 아는 일이기 때문이다.

失正究竟門

　此擧參無字者學人見前尊宿說, 把這無字貼在眼睛上無字便是眼睛, 只恁麽看去, 學人領下無字向長連床上端身正坐, 捏定拳皺咬定牙關瞠起兩眼看這無字, 細則細如微塵大則大如天地, 或顯或隱認此爲諦當得力底工夫也.

바른 길을 잃고 구경이라 여기다

　여기서는 '무' 자를 참구하는 문제에 대하여 말하겠다.

　학인들에게서 존숙이 한 말씀이라는 것을 들어보면, "이 무자를 눈동자에 단단히 잡아매어서 무자가 곧 눈동자가 되게 할지니, 단지 이렇게만 간(看)하면 반드시 이 무자를 깨달을 때가 있을 것이다." 하여 "포단 위에 몸을 단정하고 바르게 앉아 두 주먹을 불끈 쥐고 어금니를 꼭 다물며 두 눈을 부릅뜨고는 오로지 이 무자를 간하라. 미세하기는 가는 티끌처럼 크기는 천지처럼 하기를 혹 드러내거나 가만히 하거나 간에 이렇게 자세히 알고 하는 것이 곧 힘을 얻는 공부니라."고 가르쳤다고 한다.

　○ 又聞學人謂師開發僧問趙州狗子還有佛性也無州云無, 師卽令他提這無字, 學人信得及便卽從此行也無坐也無着衣喫飯也無一切時中皆無或緩或急. 又自云緩則一切時中不念自念念得這箇無字活轆轆地. 又云若急念時念教一口氣盡方住, 周而復始亦如是念, 以此爲純熟工夫也. 余嘗聞學人作如是說, 誠恐有誤後人, 故設二小喩識者詳之. 詳這緩念者恰如氷凌上擲豆子相似任其所往無可羈絆, 詳這急念者渾似更鼓樓上發擂一般, 一通聲絶又一通何所益也. 如前看無字者與念無字者, 這兩種工夫四衆用心者甚多, 如此說來好似一場戲話, 深可惜哉.

또 학인들에게서 스승이 가르쳤다는 말을 들어보면, 중이 "개한테도 또한 불성이 있습니까?"라고 물었는데 조주가 "없다."고 대답한 것을 스승이 저들에게 곧 이 '무'라는 글자를 생각[記憶]토록 하였다고 한다.

그래서 학인들은 이 말을 믿고 이로부터 길을 갈 때도 무, 앉을 때도 무, 옷을 입거나 밥을 먹을 때도 무, 언제나 무라고 하며 혹은 천천히 하기도 하며 혹은 급하게 하기도 한다는 것이다.

천천히 할 땐 어느 때나 생각지 않아도 저절로 생각이 되어 이 무자가 펄펄 살아 움직이듯이 생각되고, 급하게 할 때는 생각이 한 호흡이 다할 때까지 가서 그쳐 이것을 계속 반복함으로써 순숙한 공부가 된다고들 한다.

학인들에게서 이런 말을 듣고는 참으로 후인들을 그르치지 않을까 두렵고 안타까운 마음 금할 길이 없었다. 여기 두 가지 비유를 들어 보겠으니, 깊이 살펴 보아주기 바란다.

먼저 천천히 생각한다는 자의 말을 살펴보면 마치 얼음판 위에 콩을 뿌려놓은 것과 같아서 그저 굴러가는 대로 맡겨둘 뿐 전혀 붙잡을 수 없을 것이고, 또 급하게 생각한다는 자의 말을 살펴보면 마치 고루(鼓樓) 위에서 북을 치는 것과 같아 한 번 친 소리가 끊어지면 또 한 번 쳐서 소리가 나게 하듯 무슨 소용이 있겠는가?

앞에서 말한 무자를 간(看)하는 것과 지금 말한 두 가지[緩·急]의 공부 방법을 무척 많은 대중들이 따르고들 있는지라 이렇게 설명하는 것조차 또한 한바탕 실없는 말이 되고 말지나 않을지 참으로 애석한 일이다.

○ 或有參萬法歸一一歸何處者, 詢其來源諦當起疑處, 便卽支離亂說, 或謂何處上起疑者, 或謂一歸上起疑者, 或兩句都念者, 或單念下句者, 學人各自主張一路而不改者弗可曉也.

어떤 이는 '만법귀일 일귀하처'를 참구하는 이도 있다. 그들에게 이 화두가 생긴 내력과 의정 일으키는 곳을 자세히 물어보면 제각기 중구난방이다. 어떤 이는 '어느 곳인가〔何處〕' 하는 곳에서 의심을 일으킨다 하고, 혹은 '하나가 돌아가는 곳〔一歸〕'에서 의심을 일으킨다 하기도 하며, 혹은 두 구절을 다 생각한다는 이도 있고, 혹은 단지 아래 구절만을 생각한다는 자들도 있다. 이렇게 학인들이 한결같이 각자의 의견만을 주장할 뿐, 고치려 들지 않으므로 이에 대해 밝히지 않을 수 없다.

徹底窮淵門
　自愧在於學地未得升堂入室, 理趣門頭戶底竊而窺之, 譬如王家掌事 珠珍異寶本非他有一能辯別眞僞貴賤輕重等分, 王眷需索隨意給之用無差互, 佛祖無上妙寶非余所得, 工夫次第邪正淺深略而知之, 願與同道之類決此疑情必不相賺. 僧問趙州狗子還有佛性也無州云無, 其僧復問蠢動含靈皆有佛性因甚狗子無佛性州又云無, 此僧當下若會得底老漢開口處唾面痛罵一場趙州只得杜口無言免使此語流布於世, 這僧當時不能領受此語通身墮在疑情便將三百六十骨節八萬四千毛竅一禁禁定氣息不通一手挽住趙州云佛言蠢動含靈皆有佛性和尚因甚道狗子無佛性實意云何道無, 其僧到此疑情重也, 行也疑因甚道無, 坐也疑因甚道無, 着衣喫飯也疑因甚道無, 動靜寒溫也疑因甚道無, 苦樂逆順也疑因甚道無, 晝夜十二時無頃刻暫息單只不忘趙州道狗子無佛性, 直要向這無字上捉敗趙州得人憎處方始休歇.

철저히 근원을 궁구함

나도 배우던 때를 생각해 보면 참 부끄럽다. 미처 승당입실(昇堂入室)은 하지 못한 채 맘속으로만 문 앞에서 엿보며 기웃거렸던 적이 있었으니 말이다(입실은 깨침을 인가받는 일이니, 실제로 내 집이요, 나의 대문이건만 이를 깨치지 못한 채 이치상으로만 문 앞끼지 간 듯이 남의 내문 앞에서 구걸하듯 기웃거렸다는 말).

비유하자면 왕가(王家)의 기이한 보배는 본래 남의 것이 아니기 때문에 한 번 척 보면 바로 진짜 가짜, 귀하고 천한 것, 무겁고 가벼운 것 등등을 구별하여 그들이 언제든지 뜻대로 사용하는 데 조금도 착오가 있을 수 없듯이, 불조(佛祖)의 무상묘보(無上妙寶)도 마찬가지다. 그러나 본래 내 것이라 해도 아직 나의 소유가 되지 못했다면 애써 공부하는 차례와 삿됨과 올바름, 얕고 깊음 등의 갈래를 대략이나마 배우고 물어서 알아야 했던 것이다.

원컨대 동도자(同道者)들이여! 이러한 공부 길의 의정들을 함께 풀어 나가기를 바라는 마음에서 하는 말이요, 결코 속이는 말이 아님을 알아주기 바란다.

어떤 중이 조주에게 물었다. "개한테도 또한 불성이 있습니까?" 조주는 "없다(無)."고 대답하였다. 그 중이 다시 물었.

"준동함령이 모두 불성이 있거늘 어째서 개에게 불성이 없다 합니까?" 조주는 역시 "없다!" 하였다. 이 중이 그 대답을 들은 즉시 바로 알아차렸더라면 이 늙은이가 입을 벌린 곳에다 당장 침을 뱉고 한바탕 주먹으로 쥐어박아 주었을 것이다.

또 조주가 다만 입을 다물고 아무 말을 하지 않기만 했어도 이 말이 세상에 퍼져 나간 것을 막을 수 있었겠지만 아깝게도 이 중은 당시 이 말의 뜻을 알지 못하여 그만 온 몸 송두리째 의정 속에 휩싸여 360뼈마디나 8만4천 털구멍까지도 얼어붙은 듯 숨이 막힌 채 한 손으로 조주의 말만을 움켜잡았다. "부처님은 준동함령이 모두 불성이 있다고 말씀했는데 화상은 어째서 개는 불성이 없다 하였을까? 진실로 어째서 없다고 한 것일까?"

그 중이 이러한 지경에 이르자 의정이 더욱 깊어져 길을 갈 때도 "어째서 없다고 했을까?" 하고 의심했고, 앉아 있을 때도 "어째서 없다고 했을까?"를 의심했으며, 옷을 입거나 밥을 먹을 때도 "어째서 없다고 했을까?"를 의심했다. 움직이든 가만 있든 춥든 덥든 아랑곳없이 "어째서 없다고 했을까?"만을 의심했고, 고락이나 역순의 경계에서도 오직 "어째서 없다고 했을까?"를 의심하여, 밤낮 한순간도 쉴 틈 없이 단지 조주가 "개는 불성이 없다."고 말한 데 대해 조금도 싫증을 내지 않고 바로 이 '무' 자 위에서 조주 스님이 사람들의 미움을 샀던 곳을 기어이 잡아내고 나서야 비로소 쉴 수 있었던 것이다.

○ 此下正說學人要疑處須要仔細著意, 若用疑時先須憤怒心疑趙州因甚道無, 此憤怒心(註明 若不出聲心中忿忿地, 若出聲閉口鼻音如伏虎聲相似, 如人受辱有疑不決皆有此不忿意聲.) 或出聲不出聲, 學人自取方便, 此一箇疑者單只疑趙州因甚道無, 不是看趙州道無不是念趙州道無, 今時學人多是看這無字念這無字眞可恰也. 學人到此惺惺着須看其僧當時有疑再問處云蠢動含靈皆有佛性狗子因甚無佛性, 此一問疑徹骨髓, 這僧求死不欲活, 逼得老趙州和心膽吐出箇無字欲收收不得, 其僧求死死不得, 從始至今疑而不決, 所以前人疑的卽是今人疑的, 今人疑的卽是疑着趙州說的, 驀然疑團子上爆地一聲徹見那邊消息去也, 此說且止言多去道遠矣.

이 아래서는 바로 학인들이 의심을 일으켜야 할 요점에 대해 말하겠으니 자세히 들어주기 바란다.

의심을 일으킬 때는 반드시 먼저 분노심을 내어 "조주는 어째서 없다고 했을까?" 하고 의심해야 한다.

이 분노심[주(註): 만일 소리를 내지 않으면 마음속이 부글부글 끓어오른다. 또 소리를 내면 엎드려 있는 호랑이소리와 같은 비음(鼻音)이 저절로 나게 마련이다. 또한 남에게 모욕을 당하거나 의심이 있을 경우에도 이러한 참을 수 없는 소리가 난다.]은 소리를 내든 내지 않든 학인 스스로 선택할 문제이지만, 중요한 것은 여기서 반드시 의심해야 할 곳, 곧 "조주는 어째서 없다고 했을까?"를 (분명히) '의심' 해야지 조주가 말한 무자를 간(看)하거나 염(念)해서는 안 된다. 요즈음 학인들은 흔히 이 무자를 간하거나 염하고 있음을 보는데 참으로 기막힌 노릇이 아닌가?

학인들은 여기서 정신을 바짝 차리고 그 중이 당시에 의심했던 당처(當處)를 살펴보라. 다시 묻기를 "준동함령이 모두 불성이 있거늘 개는 어찌하여 불성이 없습니까?"라고 한 이 질문은 실로 의심이 골수에 사무쳤던 것으로 이 중은 죽기를 작정하고 늙은 조주를 다그쳤다. 그리하여 심담(心膽) 속에서 토해 낸 이 '무'는 거둬들일래야 들일 수도 없고, 죽을래야 죽을 수도 없이 지금껏 의심했으나 끝내 풀지 못하였다. **이처럼 앞사람이 의심한 곳이 곧 지금 사람이 의심하는 곳이니, 지금 사람이 의심하는 곳은 바로 조주가 말한 그 곳(落處)을 의심하는 것이다.**

온통 한 덩어리가 된 의심뭉치 속에서 갑자기 '퍽!' 하고 한소리가 터진다면 그 쪽의 소식은 구구히 설명치 않아도 저절로 철저히 볼 수 있으리라.

이 이야기는 이쯤에서 그만두기로 한다. 말이 많으면 도와는 자꾸만 멀어지기 때문이다.

指本還眞門

此擧僧問趙州萬法歸一一歸何處州云我在靑州做領布衫重七斤, 此僧却不似那僧疑也, 空使趙州舌頭拖地道箇七斤杉乾沒一星事. 其意云何, 蓋謂秤尾不鮮故無買者. 今昔叢林中多擧萬法歸一一歸何處.

근본을 가리켜 진리에 돌아가게 함

여기서는 어떤 중이 조주에게 "만법이 하나로 돌아가니 하나는 어디로 돌아갑니까?" 하고 물은 데 대해 말하기로 하겠다.

조주는 "내가 청주에 있을 때 베 장삼 한 벌을 지었는데 무게가 일곱 근이었다."고 대답하였다.

이 중은 저 중의 의심과 같지 않다(앞의 "개에게도 불성이 있습니까?" 하고 물은 의심). 공연히 조주로 하여금 혓바닥만 놀리게 한 것이다. 일곱 근의 장삼이라고 한 것은 별스런 뜻이 아니니, 대개 저울 눈금이 선명하지 않아서 사려는 사람이 없었다는 말이다. 그래서 지금이나 예전의 총림에서는〔조주 스님의 답화(答話)보다는 문법자(問法者)의 질문을 그대로 화두로 삼음〕흔히 '만법귀일 일귀하처'를 바로 화두로 드는 것이 상례다.

○ 此一法余杜田說破, 然後會歸一處, 使學人易解易曉. 故法華經云 唯此一事實餘二則非眞, 此一法乃衆生之本源, 諸佛之妙道, 亦是萬法之母, 衆聖之尊. 迷之者則輪廻不息悟之者則了事超生. 再舉萬法歸一一歸何處, 用疑時只疑這一法, (於此註明學人易入) 一卽是心, (此心是靈知之心 非肉團心 分別心也) 心卽是一, (一者衆聖之王 故號謂心王也) 余何故如此分析, 切恐學人初入道時請益師不曾開說得疑情上明白, 學人又不會次第請問, 又不遇良朋善友究竟, 雖聞有善知識又不能親近決擇信心, 執己之見埋沒平生, 是可憐也. 故余只要學人向這一字上起疑, 初舉萬法歸一一歸何處, 或舉三五次隨意放收, 然後萬法歸一. 少擧只在一字上起疑, 疑者疑此一歸何處. 歸何處三字, 是考究這一向何處安心立命. 此三字無疑疑在一上, 恐一上疑情不起, 再擧畢竟一歸何處. 擧話頭時或出聲不出聲皆可, 但不得太急又不得太緩, 如擊鐘磬一般勻調擊之聲則和順, 只貴話頭上疑情得力不得力處取用, 切不可信人說不要開口擧話頭, 若信此語閉口禁聲後必有患也.

이 한 법〔一法〕이라는 것을 나의 못난 소견으로나마 우선 설명하고 그런 뒤에 '하나가 돌아가는 곳'을 알게 하여 학인들로 하여금 쉽게 이해하고 깨닫게 하겠다.

『법화경』에 "오직 이 한 일만이 실다울 뿐, 나머지 둘은 진리가 아니다." 하였으니, 이 한 법이야말로 모든 중생의 본원(本源)이요 제불의 묘도(妙道)며, 또한 만법의 어머니요 온갖 성(聖) 가운데 가장 으뜸으로서, 이를 미한 이는 윤회하여 그칠 새가 없으나, 깨달은 자는 일을 마쳐 마침내 생사를 초월하는 것이다.

다시 '만법귀일 일귀하처'를 들어 보자. **의심을 일으킬 때는 다만 이 '한 법'만을 의심하라.** 〔주(註): 여기에서 학인들이 쉽게 이해할 수 있도록 설명한다.〕 '하나(一)'란 곧 '마음'이요(이 마음은 신령스럽게 아는 마음이지 물질적인 마음이나 분별심을 가리킨 것이 아니다), 마음이 곧 '하나(一)'다.〔하나란 곧 온갖 성인들의 왕이다. 그래서 심왕(心王)이라고도 한다.〕

내가 왜 이처럼 자세히 분석하는가 하면 혹시 학인들이 처음 입도(入道)했을 때 스승에게 의심나는 곳을 분명하게 청익(請益)치 못했거나, 차례대로 청문할 줄 몰랐거나, 또한 훌륭한 벗을 만나지 못했거나, 선지식이 가까이 계시다는 말을 들었어도 찾아가서 몸과 마음을 결택할 줄 모른 채, 다만 자기 소견에만 집착하여 평생을 매몰하고 말까 두려웠기 때문으로 이야말로 참으로 연민스런 일이 아니겠는가? 그래서 내가 다만 학인들이 이 '하나(一)'를 향해 의심을 일으켜야 할 요점을 말하려는 것이다.

처음 들 때, '만법귀일 일귀하처'를 3~5차례 정도 뜻대로 든다. 그런 뒤 '만법귀일'의 다만 '일자(一字)' 위에서만 의심을 일으킨다.

의심하는 자가 (뒷 구절인) '일귀하처'에다 중점을 두고 의심하는 경우에도 '귀하처' 세 글자는 곧 이 하나는 "어느 곳에 안심입명하는가?"라는 말이니, 이 구절에 새삼 의심할 것은 없다.

의심해야 할 것은 다만 '하나(一)'에 있는 것이다. 그래도 끝내 이 '하나(一)' 위에서 의심이 일지 않는다면 다시 "필경 하나는 어느 곳으로 돌아가는가?" 하고 의심을 일으키라.

화두를 들 때 소리를 내어도 무방하고 내지 않아도 상관없으나 다만 지나치게 급하거나 너무 느슨해서는 안 된다. 마치 종을 치는 것과 같아 종을 고르게 쳐야 그 소리 또한 조화롭게 울리는 법이다.

중요한 것은 화두에 의정을 일으키는 것이요, 힘을 얻든 얻지 못하든 오로지 간절하게 용심하는 것뿐이다. 입을 열고 화두를 들어서는 안 된다는 말도 믿지 말라. 만일 이 말을 그대로 믿고서 굳게 입을 다문 채 소리를 금한다면 훗날 반드시 병을 얻을 것이다.

順息免患門

此與學人請益處不明白, 後得傷心損體之患, 余親見兄弟家默默無言者後來多得吐紅之疾, 詢問其由他謂善知識不說開口舉話頭, 余痛與他說此患正是氣傷於心, 心謂血之主, 心不能主氣血妄行, 須要謂理氣息, 血脈舒暢四大安和, 道則隆矣. 謾說小喩如世有人失去貴重之寶, 朝討暮尋或默默思惟或開口詢問或自傷自嘆或逢人指視或顧眄而得, 如是推窮事理開口閉口語默動靜何疑非疑哉.

호흡을 순조롭게 하여 병을 면하다

여기서는 학인이 분명하게 법익(法益)을 물을 줄 몰라 나중에 마음과 몸을 손상하고 마는 병에 대하여 말하겠다.

내가 도반들 가운데 늘 입을 다문 채 일체 말을 하지 않는 이들이 나중에 흔히 피를 토하는 병에 걸리는 경우를 가끔 보았는데, 그 까닭을 물어보면 그들은 선지식이 화두를 들 때는 반드시 입을 다물고 묵묵히 간하라고만 가르쳤다고 하였다.

내가 꾸짖듯 그들에게 말했다.

이 병은 바로 기(氣)가 심장(心臟)을 상하게 한 것이니, 심장은 혈맥의 주인이다. 심장이 주인노릇을 하지 못하면 기혈(氣血)이 함부로 흘러가므로 반드시 이치에 맞게 기식(氣息)을 다스려야 한다. 혈맥이 바로 통하면 사대(四大)가 편안해지고 그에 따라서 닦는 도(道)도 융성해지기 때문이다.

비유하자면 어떤 사람이 귀중한 보물을 잃어 버렸다. 아침저녁으로 찾아 헤매면서 묵묵히 생각하기도 하고 어떤 때는 입을 열어 남에게 물어 보기도 한다. 때로는 상심도 하고 더러 탄식도 하며, 사람이 가리켜 주는 때를 만나기도 하고 그러다가 한 순간 얼핏 돌아보고서 기어코 찾아내고야 만다. **이처럼 사리(事理)를 다해서**(온갖 수단을 다해서) 추궁하는데, 입을 열든 닫든 어묵동정(語默動靜)간의 어떤 의심인들 의심이 아니겠는가?

○ 再與學人究此病之根源, 或飽食重擔或登山趣步, 大略擧此四處. 起病之初此四處喘息上壅, 若不開口出聲擧話頭時, 此氣鬱結胸中傷心損體自作障碍, 妄言坐禪之病, 豈不屈哉.

다시 학인들과 함께 이 병의 근원을 규명해 보노라면 혹 음식을 많이 먹거나 무거운 짐을 지거나 높은 산에 오르거나 걸음을 빨리 걷는 등 대략 이 네 가지의 경우가 대부분임을 알 수 있었다. 병이 드는 시초에는 주로 이 네 가지의 경우인 때에 숨이 차거나 상기(上氣)가 된다. 이 때 만약 입을 열어 소리를 내지 않으면 화두를 들 때 이 기(氣)가 가슴 속에 맺혀 심장을 상하고 몸을 쇠약하게 하여 저절로 많은 장애가 생기게 되는 것이다. 함부로 좌선의 병에 대해 말했다 하여 어찌 따르지 않겠는가?

上根利器門
此擧三種善知識入門各異見道不同, 或從經敎中有悟者, 或宿有般若力故不參禪而悟者, 或有參禪勇猛工夫未久而悟者, 此三種善知識, 必不能開發初機之人微細做工夫處, 若提向上宗乘接上上根器則可, 中下之機難以栖泊. 故古德云學道之人不具法眼須具參方眼. 又仲尼云視其所以觀其所由察其所安. 是以吾輩行脚, 須具參方正眼耳.

상근이기에 대하여

여기서는 세 종류의 선지식에 대하여 말하겠다.

그들은 입문도 각기 다르고 도를 본 정도도 같지 않다. 어떤 이는 경교(經敎)를 보다가 깨친 이도 있고, 혹은 숙세에 반야의 힘이 있어 선을 참구하지 않고도 깨친 자도 있으며, 혹은 용맹스럽게 선을 참구하여 공부가 오래지 않아서 깨친 분들도 있다.

이 같은 세 종류의 선지식들은 필경 초심학인들의 미세한 공부처를 개발해 주지 못한다. 향상(向上)의 종승(宗乘)을 들어 상상(上上)근기를 제접하기엔 가능할지 모르나 중하(中下)의 근기에는 적합치 않은 것이다.

그래서 고덕이 "도를 배우는 사람이 법안(法眼)을 갖추지 못하였다면 반드시 올바른 안목을 갖춘 분을 찾을 줄 알아야 한다." 하였고, 중니(仲尼)는 "그 사람의 행위를 보고, 그 동기를 살피고, 그가 만족해하는 것을 살피라."고 하였다. 그러므로 **우리들은 행각하면서 반드시 바른 안목을 갖춘 분을 찾아 도를 물을 줄 아는 자세를 갖추어야 하는 것이다.**

禪林靜慮門

此擧叢林綱紀坐禪寂靜一節. 古來佛法興隆叢林茂盛, 天龍協祐施主歸崇受用現成常住豊厚, 處處安禪著衆人人慕道精修, 或三五百之多僧或一二千之衆士, 東西兩序執事營爲內外一如鋪心若地, 箇箇如因識果人人見道明心, 三德六味總無虧四事七珍皆具足. 所以僧堂中學般若菩薩, 十指不點水, 百事不干懷, 粥飯之餘專心在道. 上根利器者, 不離單位坐究一乘, 晝夜惺惺端持正觀後來各人有大發明成大法器收因結果, 向叢林中爲大宗匠開大爐鞴煅煉學人做工夫處. 先舉上床一種威儀, 事在精誠須要跏趺端坐眼端鼻, 鼻端臍, 牙關緊咬, 拳頭緊捏待喘息已定擧箇話頭, 僧問趙州狗子還有佛性也無州云無, 不用動口動舌默默參究以悟爲期, 此是叢林中坐禪儀式樣子, 衆所共知.

선림(禪林)의 정려(靜慮)

여기서는 총림의 기강과 좌선의 적정(寂靜)에 대하여 말하겠다.

예로부터 불법이 융성하면 총림도 무성하여 하늘과 용왕이 협력해 도왔고 시주도 귀의하여 숭상하였다. 그래서 수용이 넉넉하고 상주물(常住物)도 풍부하였다. 곳곳에서 선을 닦는 대중이 현저하게 모여 들었고 사람마다 도를 사모하여 정밀히 수행하였다. 어떤 곳에는 3~5백 명의 많은 스님들이 모였고 혹은 1~2천여 명의 대중들로 붐비기도 하였다.

동·서의 양서(兩序)가 일을 분담해 관리하니 안팎이 한결같아 마음이 두루 미치지 않는 곳이 없었다. 개개인이 다 원인과 같이 결과를 인식하였고 사람마다 모두 도를 보아 마음을 밝혔다. 삼덕(三德, 飮食의 淸淨·柔軟·如法)의 육미(六味)가 언제나 모자라는 법이 없었고 사사(四事, 음식·의복·좌구·의약)의 칠진(七珍)들이 어디에나 구족하였다.

그래서 승당에서 반야를 배우는 보살은 열 손가락에 물 한 방울

묻히는 법이 없고, 매사를 전혀 마음에 개의하는 법이 없이 두 끼 공양시간 외에는 오로지 도 닦는 일에 마음을 쏟을 수 있었던 것이다.

상근이기(上根利器)는 자기 자리를 벗어나지 않고 포단에 앉은 채 일승을 궁구하여 주야로 또렷하고 단정하게 정관(正觀)을 견지하므로 뒤에 가서는 제각기 크게 발명하여 대 법기를 이루었고 (이같이) 원인을 거두어 결과를 맺기에 총림 가운데서 대종장이 되어 큰 풀무를 열어 학인들을 단련할 수 있었던 것이다.

공부하는 법은 먼저 포단에 오르는 법부터 이야기하겠다. 위의를 갖추는 일이란 오로지 정성에 달린 문제다. 반드시 가부좌로 단정히 앉도록 한다. 눈은 코와 일직선이 되도록 하고 코는 배꼽과 일직선이 되도록 한다. 어금니는 꼭 다물고 주먹은 굳게 쥔다. 거친 호흡이 안정되기를 기다려 화두를 든다. 어떤 중이 조주에게 묻기를 "개에게도 불성이 있습니까?" 조주는 "없다!"고 했다. 입이나 혓바닥을 놀리지 말고 묵묵히 참구하여 깨달음을 기약하라. 이것이 총림에서 좌선하는 의식이니 누구나 다 알 것이다.

幽居正派門
　此明來脈正宗, 黃梅散席之後百丈未建叢林已前, 或三人五人山間林下刀耕火種, 無剪爪之功, 孜孜在道念念不忘, 於中人人成大法器. 後來各天一方說法利生, 參學者衆, 百丈大智禪師始建叢林. 此擧前輩祖師居山修行勤勞中做工夫的樣子, 衆所共知.

바른 유파(流派)로 흘러온 내력

여기서는 정종(正宗)의 맥이 내려온 내력을 밝히겠다.

황매(黃梅, 五祖) 선사가 법석을 흩고 난 뒤, 백장(百丈) 선사께서 총림을 세우기 이전에는 혹 서넛이나 너덧 명의 스님들이 산속에서 농사를 지으면서 손톱을 깎을 틈도 없이 부지런히 수행에 전념하였다. 그 가운데서도 더러는 큰 법기를 이루어 뒷날 제각기 일방(一方)에서 법을 설해 많은 이들을 이익케 하였다. 참학(參學)하는 이들이 많아진 것은 백장대지 선사가 처음으로 총림을 건립하고서부터이다.

이것은 선배스님들이 고된 노동 가운데서도 부지런히 공부를 지어가시던 본보기를 든 것인데 누구나 다 아는 일일 것이다.

祇園聖衆門

此謂是法平等發源之初, 吾佛世尊在祇園與千二百比丘故行乞食, 欲化施土破慳貪故免墮三途. 鉢中得食分作三分, 一分施餓鬼鳥獸及魚鼈等, 一分施貧窮乞丐, 一分支身行道求無上佛果菩提. 持鉢出園, 各披三衣而存正觀, 前觀六肘目不顧視, 擧足下足安詳繫念直視而行, 故世尊隨處經冬過夏大衆皆入此慈心三昧. 衆所共知. 此三種法門無出一心, 佛祖隨時隨機方便行道, 學人不可執在一隅釘椿搖艫, 如此三種法門上一一批判使四衆後學不泥斯惑耳.

기원(祇園)의 성인들

여기서는 이 법이 평등하게 발원(發原)하였던 시초에 대하여 말하겠다.

　우리 부처님 세존께서 기원정사에 계실 때, 천이백 명의 비구와 일부러 걸식을 행하신 것은 시주들에게 간탐심을 버려 삼도에 떨어짐을 면할 수 있도록 교화하기 위함이셨다. 발우 속에 얻은 음식은 세 등분으로 나누었는데 일 분은 아귀나 새 짐승 물고기 등에 베풀었고, 일 분은 가난한 거지들에게 나누어 주셨으며, 나머지 일 분은 자신이 잡수시고 몸을 지탱하며 불과를 구하셨다.

　발우를 들고 기원정사를 나갈 때는 제각기 삼의(三衣)를 갖추어 입고 정관(正觀)에다 마음을 두게 하셨다. 앞은 여섯 팔꿈치〔六肘〕정도의 거리(一肘는 약 두 자 길이)를 바라보도록 하고 좌우로 두리번거리지 못하게 하셨다. 걸음걸음 평안한 자세로 조심스럽게 앞만을 바라보며 나아가게 하시었다.

　그래서 세존께서 처소를 따라 겨울이나 여름을 지내실 적에 대중들이 모두 이 자심삼매(慈心三昧)에 들 수 있었던 것이니, 이것도 누구나 다 아는 이야기다.

　지금까지 말한 이 세 가지 법문이 모두 일심(一心)에서 벗어난 것이 없다. 이와 같이 불조는 시기나 근기를 따라 방편으로 도를 행하셨는데, 학인들은 한 모퉁이에만 집착하여 말뚝을 박거나 노를 젓는 일이 있어서는 안 될 것이다. 내가 이 세 가지 법문을 낱낱이 비판한 것은 사중(四衆)의 후학들이 이러한 (집착의) 미혹됨에 빠지지 않게 하기 위해서다.

覺悟玄宗門

　若論此事, 不在端坐無言處不在刀耕火種處不在持衣托鉢處, 且道

畢竟在甚麼處. 良久云 是甚麼山(正의 俗字) 又是箇甚麼. 學人於此理會不下, 各將本參話頭依前所擧所疑不必重述, 只要話頭上會活弄不可滯在一處. 至於行住坐臥着衣喫飯搬柴運水大小便利語默動靜折挺俯仰迎賓待客苦樂逆順道在其中, 須要自有方便始得. 會做工夫底人, 譬如慣蹴毬子者一般, 着頭頭起着肩肩起着起着肘肘起着手手起着膝膝起着足足起, 蹩轉一脚踢過毬門輥上三十三天十八梵天四空天周而復始, 無一處可收無一處可着, 何故, 蓋皆因他活轆轆地, 所以三界收他不得, 無心拘他不得, 有如是妙用如是自在如是安樂, 又何況三界拘收他不得, 盡十方虛空微塵國土亦拘收他不得, 任性往來得無罣碍. 學人且道那箇是毬子, 那箇是蹴毬底人, 會麼會麼, 且住且住. 若逢阿逸多親蒙得授記, 設此一喩學人悟得及否. 夫信與不信皆出汝心, 不信而信如鏡照鏡, 心鏡俱亡何勞念靜, 棄有着空執法成病, 百法十玄千經萬論, 誘引學人皆歸十信, 誠信實信成佛有分, 解行相應潭澄月映, 信性自心信心自性, 性本自心本心自性, 心性如如自信自敬.

현종(玄宗)을 깨달음

 만약 이 일을 논한다면 다만 단정히 앉아 말이 없는 데 있는 것도 아니고, 김을 매거나 씨앗을 뿌리는 데 있는 것도 아니며, 발우를 들고 탁발하는 데 있는 것도 아니다.
 그렇다면 말해 보라. 필경 어느 곳에 있는가? (잠시 말을 멈추었다가) 무엇이 올바른가? 또 이것은(올바름이라 한 것은) 무엇인가?
 학인들이 여기서 알지 못하겠거든 각자 본참화두를 힘껏 들어 평소대로 의심해 가기만 하라. 굳이 거듭 설명할 필요가 없다. 다만 화두 위에서 자유롭게 살아 부디 한 곳에 얽매이지 말라. 걷고 서고 앉고 눕고, 옷 입고 밥 먹고 나무하고 물 긷고 대소변보고, 말하고 묵묵하고, 움직이고 조용하고, 굽히고 펴고 들고 내리고, 손님을 맞고 기다리는 등등 일체 삶의 고락이나 역순 경계 바로 그 안에 도가 있으니, 스스로 적절한 방편을 운용하기만 하면 되는 것이다.

공부를 잘하는 사람은 흡사 축구선수와도 같다. 머리에 붙으면 머리로 받고 어깨에 붙으면 어깨로 받는다. 그처럼 팔꿈치, 손, 무릎, 발 등 어디에나 붙은 즉시 바로 받는다. 한 발 힘껏 돌려차기라도 하면 대번에 골문을 지나 하늘 꼭대기까지도 번개처럼 올려 찼다가 이를 다시 반복한다. 어느 곳도 그를 가둘 수 없고 어느 곳도 그를 붙잡지 못한다. 왜냐하면 모든 것이 그로 인하여 살아서 펄펄 뛰기 때문이다.

그러므로 삼계라 할지라도 그를 가둘 수 없고 무심(無心)이라 할지라도 그를 구속치 못한다. 이 같은 묘용과 이 같은 자재, 이 같은 안락이 있거늘 하물며 삼계뿐이랴? 온 시방 허공과 미진 국토라 할지라도 역시 저를 가두거나 구속할 수 없으니, 성품대로 왕래하여 아무런 걸림이 없기 때문이다.

학인들이여 말해보라! 어떤 것이 공이며, 어떤 것이 공을 차는 사람인지 알겠는가? 알겠는가? 그만두어라. 차라리 아일다(阿逸多, 미륵보살)께 친히 수기를 받은 이라도 만난다면 오늘의 이 비유로 학인들이 깨쳤는지 그렇지 못한지를 알아보는 게 더 낫겠다.

대개 믿고 믿지 못함은 그대의 마음에서 나온 것이요, 믿지 못하면서 믿는다 함은 마치 거울이 거울을 비치는 것과 같다. 그러나 마음과 거울이 모두 없다면 새삼 수고스레 생각을 고요히 해야 할 필요가 있겠는가?

　유(有)를 버리면 공(空)에 집착함이니, 이렇듯 법에 집착함이 병이 되는 것이다. 백법(百法)이니 십현(十玄)이니 천경만론(千經萬論)이 모두 학인들을 유인하여 다 십신(十信)에 돌아가게 한 것이니, 오로지 성실하고 진실한 믿음만이 성불할 분수가 있는 것이다.

　행(行)과 해(解)가 상응함은 맑은 못에 달이 비치는 것과 같다. 믿음의 본성(本性)은 자심(自心)이요, 믿음의 마음은 자성(自性)이다. 이 성(性)이 본래 자심(自心)이요, 본래 마음이 자성(自性)인 것이다. 이같이 마음과 성품이 한결같다면 저절로 신(信)이 되고 저절로 경(敬)이 되리라.

歸源實際門

　已上所說非余本意, 推窮聖典類聚群文, 擧古驗今見聞深實. 所以多見四衆學者, 用心差互識見偏枯, 邪正不分是非罔辯. 噫, 生逢季運去聖時遙, 不了目前萬緣差別. 所以但凡做工夫底人, 雖參話頭多衆不同, 而於起疑處無二用心, 一切話頭必要起疑. 古德云無疑不悟, 前不云乎未有不疑而成事者也. 須具正知正見, 莫墮野狐窟裏埋沒一生, 何止一生百千萬生菩提種子不復生芽. 余咸居學地不忍見聞, 兩岐之間決疑辯惑, 前所將佛祖經敎語錄中機緣譬喩警衆之言, 幷余做工夫得力處一一錄呈後學四衆. 至於一言之下心地開通, 一句之中性天朗耀, 到此方不負平生參學之志願也. 其或心地不開性天不朗, 各各緊把繩頭依樣畫猫兒驀直去也. 忽若再逢親友指示前因, 一念相當萬金消得, 正恁麼時三途苦趣同證菩提, 四重深恩一時酬畢. 智徹忝居同學幸垂回顧提携, 誓在他生處處同爲法侶.

실제(實際)의 근원에 돌아 감

　지금까지 말한 것들은 내 개인만의 생각이라기보다는 널리 성인의 전적들과 여러 문장들을 두루 뒤지고 모아 오로지 옛 법을 상고하여 오늘의 실정을 증험한 것이라 그 보고 들음에 진실하고자 했을 따름이다. 그에 비춰 본 결과, 옛날에 비해 요즈음 사중 학인들의 용심은 법에도 많이 어긋나고 식견이 편집되며, 사(邪)와 정(正)을 분간치 못하고 옳고 그름을 판단치 못하는 모습들을 많이 볼 수 있었다.

　아! 말세에 태어났고 성인이 가신 지는 멀어 눈앞의 온갖 차별을 바로 알지 못함인가? 그래서 **무릇 공부를 한다 하는 사람들을 보면 제각기 참구하는 화두는 다른 데도 의심을 일으켜야 할 곳의 용심(用心)하는 모습은 그저 하나 같을 뿐이다. 모든 화두는 반드시 (그 화두마다) 의심을 일으킬 요점이 있는데도 말이다.**

　고덕들께서는 (한결같이) "의심이 없으면 깨달을 수 없다."고 하였다. 그래서 (비유를 들어가면서까지) "의문을 통하지 않고 일을 성취한 자는 없다."고 한 것이다. 반드시 정지정견(正知正見)을 갖출 것이니 행여 여우의 굴 속에 빠져 일생을 매몰하는 일이 없도록 하라. (그 속에 빠진다면) 어찌 일생뿐이겠는가? 백천만 생까지라도 보리의 종자가 다시는 싹을 틔우지 못하고 말 것이다.

　나도 대중과 함께 배우는 입장에 있는 사람으로 보고 듣는 두 갈래를 모른 채 그냥 지나칠 수만은 없었다. 반드시 의심과 미혹된 부분들을 가려야 할 것 같아 그래서 전에 열람했던 불조의 경교와 어록 가운데서 기연이나 비유가 대중을 깨우쳐 줄 만하다 여겨지는 말씀들과 아울러 내가 공부하여 힘을 얻은 경험들을 낱낱이 기록하여 후학들에게 널리 보이고자 하는 것이다. 행여 이 한마디의 말에서 마음이 열리거나, 한 구절에서 성품이 밝아질 수 있다면 이때야말로 평생 참학(參學)한 뜻을 결코 저버리지 않게 되려니와, 설사 마음이 열리지 못하고 성품이 밝아지지 못하더라도 부디 (낙심하지 말고) 제각기 한바탕 고삐를 단단히 잡아매고 본을 따라 고양이를 그려나가 보라.

그러다 홀연히 옛 벗이 가리켜 주었던 전인(前因)을 다시 만나게 되면 일념(一念)에 당장 만금(萬金)을 소비할 수 있을 것이니, 이런 때라야 삼도의 고해중생들과 함께 보리를 증득할 수 있고 네 가지의 막중한 은혜도 한꺼번에 갚아 버릴 수 있는 것이다.

내(智徹)가 함께 사는 동학(同學)들을 행여 더럽히지 않았을지 걱정되나 그래도 다행히 거두어 이끌어 주신다면 반드시 다음 생 민나는 곳곳마다 함께 법려(法侶)가 될 것을 맹세하노라.

來源孝敬理事圓融

已上所擧話頭工夫動靜節次, 與初機入道四衆安頓手脚處一一具陳, 向下正與學人論根本始末來源去就. 何爲根本, 以五戒是爲根本. 何爲始末, 以久長不變心是爲始末. 何爲來源, 要知空劫以前事是爲來源. 何爲去就, 要知此一件大事落處是爲去就. 學人旣要明此一件大事來源去就, 必須堅持五戒精修十善, 意不外馳心無散亂, 動靜閑忙純一正念, 方與工夫上梢有相應分. 先擧在家二種, 首以孝順父母敬重內外六親眷屬坊巷隣里, 當知尊卑貴賤謙讓仁慈上下和睦, 此孝子順父母之情也. 這孝順二事世人以爲常語, 不知其理甚優甚廣. 略言孝者, 四事供給. 何爲四事, 飮食衣服臥具醫藥, 敬愛侍養, 是爲孝也. 順者, 順父母之顏色, 順父母在理之所欲, 凡有所爲不違父母之意, 若有如是孝順之心上下和睦父母得以不動心, 此是世間孝敬善道, 天倫之理何異常乎. 更能持齋奉戒念佛參禪, 欲求大乘了脫生死, 此又是出世間之大孝大善也. 四恩普報三有均資, 何慮一生父母而不報乎.

효순과 공경의 근원은 이사원융에 있음

이상으로 화두 공부의 동정절차와 처음 입도한 사중들이 손발을 두어야 할 곳을 낱낱이 밝혀 보았다. 다음은 바로 학인들과 근본(根本)과 시말(始末), 내원(來源)과 거취(去就)에 대해 논해 보려 한다.

무엇으로 근본을 삼아야 하는가? 오계로써 근본을 삼는다. 무엇으로 시말을 삼아야 하는가? 길이 변함없는 마음으로 시말을 삼는다. 무엇으로 내원을 삼아야 하는가? 공겁 이전의 일을 반드시 알아야 하는 것으로 내원을 삼는다. 무엇으로 거취를 삼아야 하는가? 반드시 이 한 가지 큰일의 낙처를 알고자 하는 것으로 거취를 삼는다.

학인들이 이미 이 한 가지 큰일을 밝히겠다 결심한 이라면 반드시 먼저 오계를 굳게 지키고 정밀하게 십선(十善)을 닦아야 한다. 뜻을 밖으로 치달리지 않고 마음은 산란하지 않으며 동정간(動靜間)에 한가하고 순일한 정념을 유지할 수 있어야만 비로소 공부와 조

금 상응할 분수가 있기 때문이다.

먼저 재가의 이중(二衆)에 대해 말한다면 먼저 부모님께 효순하고 안팎의 육친권속을 공경하며, 널리 이웃에 대해 존비귀천을 잘 알아 겸양하고 인자할 줄 알면 위아래가 고루 화목할 것이니 이것이 효자가 부모의 뜻을 잘 따르는 마음인 것이다.

이 효(孝)와 순(順), 두 일은 세상 사람들이 늘상 하는 말이긴 하지만 그 이치가 매우 깊고 넓은 것임을 다들 잘 모르고 있다.

간략히 말해 효란 네 가지 것을 공급해 드리는 것인데, 음식과 의복과 침구와 의약이다. 이로써 경애(敬愛)하고 시양(侍養)하는 것을 효라 한다. 또 순이란 부모의 안색을 따르며, 부모가 도리에 맞게 하고 싶어 하시는 것을 따라주는 것으로 무릇 어떤 행위든 부모의 뜻을 거역하지 않는 것을 말한다. 만일 이 같은 효순의 마음을 늘 지닌다면 위아래가 화목하여 부모가 부동심(不動心)을 얻을 것이다. 이것이 세간에서 효경(孝敬)하는 선도(善道)인데 천륜의 이치가 어찌 상도(常道)와 다를 게 있겠는가?

나아가 재계하고 계를 받들면서 염불을 하거나 참선을 하여 대승을 구해 생사를 벗어나려 한다면 이는 또한 출세간의 대효(大孝)요 대선(大善)이라, 네 가지의 은혜를 널리 갚고 삼계의 중생들이 고루 이익을 얻을 것이니 어찌 한 생 부모님의 은혜를 갚는 데만 그치겠는가?

此下註明五戒之相, 餘五常相配而互用也. 一不殺生故曰仁, 二不偸盜故曰義, 三不邪淫故曰禮, 四不飮酒故曰智, 五不妄語故曰信. 此五戒四衆旣欲念佛參禪, 必須堅持守護. ○ 此再重明邪淫之戒. 教中所謂在家二衆不能全持, 單止邪淫一戒隨順信行. 故楞嚴經云, 諸世間人不求常住未能捨諸妻妾恩愛, 於邪淫中心不流逸澄瑩生明, 命終之後生四天王天. 若能全持不犯精進念佛, 臨終之時必往極樂蓮華化生決無疑矣. 此淫慾之戒, 非出家二衆敢有違犯. 出家者脫塵離俗圓頂方袍入聖超凡名爲僧寶, 寶者如淸淨摩尼之寶, 令人眼見眼根淸淨, 耳聞耳根淸淨, 舌談舌根淸淨, 身觸身根淸淨. 又云福田僧. 若復有人讚嘆布施得無量福, 譬如良田一粒種子投之於地獲利萬倍. 故曰衆生良福田也. 所以出家人擧心動念卽名破戒, 焉有邪淫之事也.

　주(註)로서 오계(五戒)와 오상(五常)이 서로 짝이 되어 쓰임을 밝히겠다. 첫째는 죽이지 않는 것이니 인(仁)이요, 둘째는 훔치지 않는 것이니 의(義)며, 셋째는 사음치 않는 것이니 예(禮)요, 넷째는 술을 마시지 않는 것이니 지(智)며, 다섯째는 거짓말을 하지 않는 것이니 신(信)이다. 이 오계는 모든 사중이 이미 염불하거나 참선을 하려고 마음먹은 이는 반드시 굳건히 지켜야 하는 것이다.

　○ 특별히 사음계에 대하여 거듭 밝히겠다. 부처님 말씀에 재가(在家)의 이중(二衆)은 이 음계(婬戒)를 온전히 지닐 수 없기 때문에 단지 사음(邪淫)만을 금하는 계를 지니게 하여 신행(信行)을 수순(隨順)할 수 있도록 하였다. 『능엄경』에 이르기를 "세상 사람들이 상주(불멸의 법을) 구하지도 않고 처첩의 사랑도 능히 저버리지는 못하나 (정해진 처첩 이외의) 삿된 음행에 마음이 기울어 방탕하지만 않는다면 맑은 구슬에서 광명이 나듯 죽은 뒤에는 천상에 태어날 것이다."고 하였으니 만일 완전하게 계를 지녀 (음행을) 범하지 않고 오로지 염불 정진한다면 임종할 때 반드시 극락의 연화에 화

생함은 의심할 여지가 없는 것이다.

 이 음욕의 계는 출가하지 않은 재가이중이라면 감히 범할 수 있으려니와, 그러나 출가한 자는 번뇌를 벗고 세속을 떠나 삭발염의한 모습으로 범부를 벗어나 성인의 지위에 들어가므로 승보라 한다. 이 보배란 마치 깨끗한 마니보와 같아서 사람들로 하여금 눈으로 보면 눈이 깨끗해지고 귀로 들으면 귀가 깨끗해지며 혀로 말하면 혀가 깨끗해지고 몸에 닿으면 몸이 깨끗해지는 것이다. 그래서 복전승이라고도 하는데, 어떤 사람이든 찬탄하거나 보시를 하면 한량없는 복을 얻기 때문이다. 또 기름진 밭에다 씨앗을 뿌리면 나중에 만 배나 되는 이익을 얻는 것과 같으므로 중생들의 좋은 복밭이라고도 한다. 그래서 출가한 사람은 마음을 내거나 움직이기만 해도 곧 파계가 되나니, (하물며) 사음의 일에 있어서이겠는가?

五戒者止殺爲首, 五常者以仁爲首. 故不殺可謂仁.

 오계에서는 살생을 금하는 것이 첫째요, 오상에서는 인이 처음이다. 그러므로 죽이지 않는 마음을 인이라 하는 것이다.

○ 仁者, 慈也忍也博愛也. 好生惡殺, 故曰見其生不忍見其死, 聞其聲不忍食其肉, 是故君子遠庖廚, 此是仁之戒也.

 인(仁)이란 자비스런 마음이요, 참는 마음이며, 박애한 마음이다. 모든 중생들은 한결같이 살기를 좋아하고 죽기를 싫어한다. 그래서 "살아 있을 때를 보고서 차마 그 죽는 모습을 볼 수 없으며, 그 비명의 소리를 듣고서 차마 그 고기를 먹을 수 없다. 그러므로 군자는 푸줏간을 멀리하는 것이다."고 하였으니 이것이 곧 인(仁)의 계다.

○ 義者, 宜也平也大用也. 合宜之事當行則行之, 合用之物當取則取之, 非義而不行非義而不取, 故君子見得思義, 夫子之時路不拾遺, 子曰不義而富且貴於我如浮雲, 此是義之戒也.

의(義)란 마땅함이요, 평등함이며, 크나큰 작용이다. 합당한(옳은) 일에 마땅히 행해야 할 일이라면 꼭 실행하고, 합당하게(필요한) 쓸 물건에 마땅히 가져야 할 것이라면 꼭 구해 가지는 것이다. 옳지 않은 일은 하지 않고 옳지 않은 물건은 가지지 않는다. 그러므로 군자는 이득되는 일을 볼 때도 먼저 의(義)를 생각하는 법이어서 공자 당시에는 길에 떨어진 물건도 감히 줍지를 않았었다. 공자는 이르기를 "의롭지 않은 부와 귀는 내겐 뜬구름과 같은 것이다." 하였으니 이것이 곧 의(義)의 계다.

○ 禮者, 中也履也大體也. 家語云昔魯人有獨處室者, 隣人釐婦亦獨處一室, 夜暴風雨釐婦室壞趨而託焉, 魯人閉戶而不納, 釐婦自誦與之言子何不仁而不納我乎, 魯人曰吾聞男女不六十不同居, 今子幼吾亦幼是以不納也. 婦曰子何不如柳下惠然. 魯人曰柳下惠則可, 吾固不可, 吾將以吾之不可, 學柳下惠之可. 孔子聞之曰善哉欲學柳下惠者, 未有似於此者. 所謂焉有邪淫之事歟. 此是禮之戒也.

　예란 중심이요, 밟아가야 할 것이며, 큰 바탕이다. 가어(家語)에 이르기를 "예전 노나라에 어떤 사람이 홀로 살고 있었는데 이웃에 한 과부도 역시 홀로 살고 있었다. 어느 날 밤 세찬 폭풍우로 과부의 집이 무너지자 과부는 그 사람에게 급히 달려와 문을 두드렸으나 그 사람은 끝내 문을 닫아걸고 받아들이지 않았다. 과부가 그에게 애원하였다.

"그대는 어찌 그다지 매정케도 나를 들여 보내주지 않으십니까?"

"남녀가 나이 60이 못 된 이는 함께 거처해서는 안 된다고 나는 들었소. 지금 그대도 젊고 나도 역시 젊소. 그래서 문을 열어주지 않는 것이오."

"그대는 어찌 유하혜와 같을 수는 없습니까?"

"유하혜라면 모를까 나는 그럴 수 없으니, 지금 나의 처지로시는 무턱대고 그를 본받을 수가 없기 때문이오."

　공자가 이 말을 듣고 "훌륭하다! 유하혜를 배우려 하는 자로서 이 사람만한 이가 없겠구나!"고 칭찬하였다. 이른바 그 뜻이 그러하거늘 어찌 사음 따위의 일을 저지를 수 있으랴? 이것이 곧 예(禮)의 계다.

○ 智者, 慧也明也高超也, 知與日字者若人有知如天之有日, 知下安日故曰爲智, 智日昇空無幽不燭, 是以飮酒昏亂眞性則智慧之心不明矣, 浮雲翳空則智慧之日不照矣. 故經云飮酒者犯三十六種失功德事, 故書中酒誥制戒亦嚴, 羲和酖湎於酒辱身敗德, 故禹惡旨酒好聞善言. 梁武帝四十六年不茹五辛葷酒, 自云不飮酒無昏迷障. 孔子曰不爲酒困, 皆謂酒能昏智亂性. 衆聖皆止, 此是智之戒也.

 지(智)란 슬기로움이요, 밝음이며, 드높이 뛰어난 것이다.
 안다는 뜻의 지(知)와 해의 뜻인 일(日)을 합하는 것은 사람의 아는 것이 하늘의 해와 같이 밝고 명쾌할 때 '지(知)' 자 아래에다 '일(日)' 자를 붙여서 '지(智)'라 할 수 있는 것이니, 지혜의 해가 하늘 높이 떠오르면 어떤 어둠이든 밝히지 못할 것이 없기 때문이다.
 그러므로 술을 마셔 진성(眞性)을 흐리게 하면 지혜의 마음이 밝을 수 없고 구름이 하늘을 가리면 지혜의 해가 비치지 못하는 것이다. 그래서 경에 이르기를 "술을 마시면 무려 36가지의 공덕을 잃게 된다."고 하였다.
 또 서중(書中)에도 주고(酒誥)의 제계(制戒)를 역시 엄중히 다뤘으니, 희(羲)나 화(和) 같은 사람은 언제나 술에 빠져 살아 드디어 몸을 상하고 덕을 잃었기 때문에 우(禹) 임금은 맛좋은 술도 끝내 물리치고 언제나 좋은 말을 듣기를 즐겨하였고, 양무제(梁武帝)도 46년간을 냄새나는 오신채나 술을 입에 대지 않으며 스스로 이르기를 "술을 먹지 않으니 혼미한 장애가 없노라."고 했으며, 공자께서도 "술로써 심신을 피곤하게 하지 말라."고 당부하였다.
 이것은 모두 술이 능히 지혜를 흐리고 성품을 어지럽히는 폐단이 있음을 지적한 말로 많은 성인들께서도 모두 이를 금하게 하셨으니, 이것이 곧 지(智)의 계다.

○ 信者, 誠也實也眞重也. 昔有二賢士卽范張也, 千里之途半年之約. 范云九月十五日至謁, 張具雞黍而待之, 時至人來, 誠信君子故無妄也, 此是信之戒也.

신(信)이란 정성이요, 실다움이며, 진중(眞重)함이다.
예전에 범식과 장소라는 두 어진 선비는 절친한 사이였지만 서로 천 리나 떨어져 살았다. 어느 날 범식이 돌아가는 길에 "반 년 뒤 오는 9월 15일 날 다시 찾아뵙겠네."라고 약속하며 헤어졌다. 이에 장소는 그 날을 잊지 않고 닭과 음식을 마련해 놓고 기다리니 때가 되자 틀림없이 벗이 찾아왔다. 이처럼 성신(誠信)한 군자는 일부러 거짓을 말하는 법이 없으니, 이것이 곧 신(信)의 계다.

○ 五常之戒治世之善, 順天理而行守死善終之道, 稍有其過則喪身敗德無善道稱之揚名於後世矣. 何況吾敎中四衆念佛參禪欲求無上妙道, 又是出世間大善大因緣, 永脫輪廻到涅槃岸得大安樂而不遵守此五戒欲脫輪廻到涅槃岸者是不可得也.

오상(五常)의 계는 세상을 다스리는 선도(善道)다
천리(天理)를 따라 행하되 죽기를 무릅쓰고 지켜가야 그나마 다복한 임종을 맞을 수 있는데 조금이라도 허물이 있으면 곧 몸을 망치고 덕을 잃고 말기 때문이다. 먼 뒷날까지 이름을 드날리는 이들을 보면 다 이 오상의 삶을 힘쓴 선도(善道)에 의해서 그렇게 일컬어지는 것이다.

하물며 우리 불법에서 온 대중이 염불하고 참선하여 위없는 묘도(妙道)를 구하려 함이겠는가? 이는 곧 출세간의 대선(大善)이요 크나큰 인연이라. 영원히 윤회를 벗고 열반의 언덕에 오르는 대안락을 얻으려 함인데 이 오계도 지키지 않고서 윤회를 벗어나 열반에 도달하려 한다면 이는 절대 얻을 수 없는 것이다.

體用雙修陰翊王化

此明十善功德. 十善者與十惡本同, 各隨染淨緣得此異名, 如拳展掌一體互用在人放收, 放者是十惡收者則十善. 此十惡名者身三口四意三也. 身三惡者殺盜淫是, 口四惡者妄言綺語兩說惡口是, 意三惡者貪瞋痴是. 止此十惡不行, 卽名十善道也. 五戒是體十善是用, 譬如人皆有體必用肢節, 體無肢節身自何爲, 肢節無體手足何寄, 手足依體而發用萬端安立世界, 是事歷然無足疑也. 學人必以五戒爲體十善爲用, 體用雙行方成佛事. 若盡世間人專持五戒精修十善, 各務本業經營生理, 謹身節用孝養父母, 是事尤感諸天八部下降閻浮衛護凡世, 風調雨順五穀豊殷, 天下和平庶民樂業. 以玆善利祝願, 今上聖明帝主以四海爲家萬民爲子, 皇綱大振衆國來朝, 德譽名揚十方歸順, 不施刑政坐致太平, 福壽無疆山河一統, 金枝挺秀玉葉聯芳, 永播堯風長揮舜日.

체와 용을 조화롭게 닦으면 가만히 임금의 교화를 돕는다

여기서는 십선(十善)의 공덕을 밝혀 보겠다. 십선과 십악이 근본은 본래 같지만 각각 더럽고 깨끗한 인연을 따라 서로 다른 이름으로 불린다. 마치 주먹을 펴든 오므리든 (본래) 한 몸이지만 사람의 뜻에 따라 번갈아 쓰는 작용이 다르게 나타나듯, 이처럼 놓음을 십악이라 하고 거둠을 십선이라 부른다. 〔염정연(染淨緣)이란 곧 염정(染淨)의 종자(種子)가 생겨 현행(現行)하는 것인데 아뢰야식(阿賴耶識)에 본래 선악(善惡)의 종자가 다 갖춰져 있기 때문이다. 놓고 거둔다(放收) 함은 선의 종자를 끌어내 힘쓰면 악의 종자는 저절로 조복(調伏)되기 때문이다. 남악(南嶽)께서도 일찍이 이러한 경계(境界)를 친히 증명(證明)해 보인 바 있으니 그래서 한 성품(性品)에 선악이 다 갖추어져 있다고 하는 것이다.〕 십악은 몸의 세 가지, 입의 네 가지, 뜻의 세 가지로서 몸으로 저지르는 세 가지 악한 행동은 살생·도둑질·음행이요, 입으로 저지르는 네 가지 악한 행동은 거짓말·꾸미는 말·이간질·저주의 말이며, 뜻으로 저지르는 세 가지 악한 행동은 탐욕·화냄·어리석음이다.

이런 열 가지의 악한 행동을 그쳐서 행하지 않는 것을 십선(十善)이라 하는데 오계가 그 바탕이며 십선은 작용이 된다.

비유컨대 사람은 누구나 몸이 있고 반드시 사지를 사용하게 되어 있다. 몸에 사지가 없다면 몸 스스로 무엇을 할 수 있으며, 사지만 있고 몸이 없다면 손발이 어디에 의지해 움직이겠는가? 손발이 몸에 의지해 그때그때 필요한 갖가지 작용을 함으로써 우리는 평안히 세상을 살아갈 수 있는 것이다. 이런 사실은 너무나도 분명하여 새삼 의심할 필요가 없다.

이처럼 학인들은 반드시 오계로써 바탕을 삼고 십선으로 작용을 삼아 바탕과 작용을 조화롭게 행할 수 있어야만 비로소 불사를 성취할 수 있을 것이다. 만일 온 세상 사람들이 다 오계를 지니고 십선을 닦으며 제각기 본업에 힘쓰고 생업을 경영하며, 몸을 삼가고 절제하여 부모님께 효양한다면 이 세상이 얼마나 아름답겠는가? 제천팔부(諸天八部)도 염부에 하강하여 우리들을 호위해 주리니, 비바람 순조롭고 오곡은 풍성하며 천하가 화평하매 백성들은 더욱 삶을 즐기고 행복할 것이다.

 이러한 선리(善利)로 임금의 은혜를 축원하리니, 성명(聖明)하신 제주(帝主)께서는 사해(四海)를 집으로 삼고 만민을 자식으로 삼으시니 나라의 법도가 크게 떨치고 이웃나라들이 모두 와서 머리를 조아리나이다. 덕과 명예가 크게 드날리시매 시방이 귀순하며 형벌을 시행치 않아도 앉은 자리 그대로 태평하나이다. 복수무강(福壽無疆)하시고 산하대지가 하나로 합쳐지며 금지(金枝)는 빼어나고 옥엽(玉葉)은 아름다워 길이 요임금의 바람이 불고 순임금의 햇살로 더욱 빛나지소서.

雙林遺誡衆等遵依

　經云五戒不持, 人天路絶. 五戒者乃諸戒之首萬善之初. 又敎中云如造宮室先固其基, 徒架虛空終不成就. 昔日世尊於雙林間欲般涅槃告諸天人大衆, 吾滅度後汝等當依波羅提木叉, 是汝等大師. 波羅提木叉者卽是此戒. 世尊當時且不只爲涅槃會上天人大衆宣說受持此戒, 我輩今時無其分耶, 此戒佛佛授受祖祖相傳至於今日, 學人旣欲念佛參禪究明大事, 必當遵守此戒, 切不可聽有一等邪師之輩邪見之人, 妄言飮酒食肉不碍菩提, 行盜行淫無妨般若, 此地獄徒羅刹種類惡魔眷屬非佛弟子, 竊食法門妄談般若壞人善信絶佛慧命, 是人當墮無間永無出期, 四衆學者旣入眞正法門須具眞正見解. 故經云人身難得正法難逢, 今玆幸得人身値遇正法, 若睹如是邪見之人 各須具眼. 余何故力擧斯事, 切恐初入道者未全正信, 遇此等人或以 邪法說正正法說邪, 抄前著後抄後著前言無准定, 使學者聞此誑言 不覺不知搖蕩身心如油入麵分別不出誤賺一生, 非止一生百劫千生 永爲魔子, 誠可憐哉. 此等之輩余嘗見之, 彼卽緘口結舌無言可措, 只得拱手倒走三千, 何故, 蓋謂到此無他入門處, 無他栖泊處, 無他 立身處, 無他開口處. 云何如此. 邪不干正. 豈不聞古德云, 汝是伎倆 有盡我之不采無窮, 誠哉是言也. 前云五戒者, 防邪止惡故名爲戒.

우리 대중들이 꼭 지키고 의지해야 할 쌍림의 유계

경에 이르기를 "오계를 지키지 않으면 인천(人天)의 길이 끊어진다." 하셨으니 오계란 곧 모든 계의 으뜸이며 온갖 선행의 기초다. 그래서 이런 말씀도 있다. "집을 지을 때는 먼저 그 기초를 튼튼히 해야 한다. 공연히 허공에다 재목을 엮어보았자 끝내 실패하고 말기 때문이다."

옛닐 세존이 쌍림간에서 열반에 들려 하실 때 모든 인천 대중들에게 고하시기를 "내가 멸도한 뒤에 그대들은 반드시 바라제목차를 의지하라. 이것이 곧 그대들의 스승이니라." 하셨으니, 바라제목차란 바로 이 계를 뜻하는 것이다. 세존께서 그 당시 열반회상에 모인 인천 대중들만을 위해서 이 계를 가질 것을 설하셨을까? 오늘날의 우리들에겐 과연 그것을 지켜야 할 책임이 없는 것일까? 이 계는 부처님과 부처님이 주고받았고 조사와 조사가 서로 전하여 오늘에까지 이른 것이다.

학인들이 기왕 염불하고 참선하여 큰일을 밝히고자 한다면 반드시 먼저 이 계를 준수하여 부디 삿된 선생이나 사견을 가진 무리들이 곧잘 떠벌리는 "술 마시고 고기 먹는 것이 보리심에 걸릴 것이 없고 도적질이나 음행하는 것이 결코 반야에 해로울 것이 없다."는 등의 망언을 믿고 따르지 말라. 이들은 지옥 나찰의 무리요, 악마의 권속으로 결코 부처님의 제자가 아니다. 법문을 훔쳐 먹고 교묘히 반야를 말하면서 사람들의 순수한 신심(信心)을 파괴하고 부처님의 혜명(慧命)을 끊는 자들이라, 이런 자들은 틀림없이 영원히 벗어 날 기약 없는 무간지옥에 떨어지고야 말 것이다.

우리 사중의 학인들은 기왕 진실하고 올바른 법문에 들어 왔으면 반드시 진실하고 올바른 견해를 갖추라. 경에 이르기를 "사람 몸 얻기 어렵고 바른 법 만나기 어렵다." 하셨는데 지금 (우리들은) 다행히 사람의 몸을 얻었고 정법도 만났으니, 만일 이런 삿된 사람을 보더라도 부디 반드시 바른 안목으로 대처할 수 있어야 할 것이다.

내가 무엇 때문에 애써 이런 일을 거론하겠는가? 안타깝게도 처음 입도한 이들이 미처 바른 믿음을 온전히 갖추기도 전에 삿된 것을 바르다거나 바른 것을 삿되다면서 앞의 것을 뒤에다 붙이고 뒤의 것을 앞에다 붙이는 등 말에 질정이 없는 이런 사람들을 만나게 되면, 이런 미친 소리를 들은 학인들은 그만 자기도 모르게 몸과 마음이 방탕하게 흔들려 흡사 기름이 밀가루 속에 배어들듯 끝내 분간치 못하고 만 채 일생을 그르치지나 않을까 염려되기 때문이다. 그렇게 된다면 어찌 일생뿐이랴? 백겁천생에 영원히 악마의 자손이 되고 말 것이니 참으로 기막힌 노릇이 아니겠는가?

내 일찍 이런 무리들을 만난 적이 있었는데 그들은 입을 다문 채 아무 말도 하질 못하고 그저 팔짱이나 끼고 달아날 줄이나 알았다. 왜 그랬을까? 여기에 이르러서는 그들도 들어갈 문이나 머물 곳, 뿜낼 곳, 입을 열 곳이 없었기 때문이다. 왜냐하면 삿된 것은 결코 바른 것을 막지 못하기 때문이다.

듣지 못했는가? 옛사람이 "너의 재주는 다할 때가 있지만 나의 관계치 않음은 끝이 없네."라고 하셨던 말씀을! 진실하다, 이 말씀이여!

앞에 말한 오계란 '삿된 것을 막고 악을 그치게 함'으로 계라고 한다.

懺悔法門菩提行願

學人於二六時中須向諸佛菩薩像前五體投地然指然香發露懺悔, 此下請三寶證明懺悔, 至某甲處稱雙字名, 有衆添箇等字, 聊表儀式胡跪合掌請云.

歸依十方盡虛空界 微塵刹土中 一切諸佛
歸依十方盡虛空界 微塵刹土中 一切尊法
歸依十方盡虛空界 微塵刹土中 一切賢聖僧

唯願三寶不捨慈悲乞賜降臨證明懺悔. 某甲, 自從無始以來至于今日多生業障累世愆尤三毒無明十惡重障, 所作罪無量無邊不可說不可說不可說轉. 某甲, 今日洗心滌慮恭對十方諸佛諸大菩薩, 大慈悲父靈感觀世音菩薩衆聖像前五體投地發露懺悔, 一念歸依河沙罪滅. 此上二句重念三遍 唯願諸佛諸大菩薩天眼遙觀天耳遙聞他心速鑑, 加被某等修行有序進道無魔, 般若智而早明菩提心而不退, 六根淸淨萬慮咸消, 一念無爲十方坐斷, 高超三界早登解脫之場, 迴出四生速到菩提之岸. 某等倘若此生緣淺道業未成, 壽命不長無常時至, 願乘般若之力正念現前心不顚倒, 隨願往生諸佛國土, 得禮諸佛菩薩親蒙敎授, 依願修行仍復娑婆世界生逢中國大富十善之家得爲男子不失夙命, 惟願父母無顧戀心捨某出家童眞入道幼歲超群早遇明師參禪學道, 冥通敎典解義釋經, 單究上乘精硏至理, 或於一言之下洞明累世之因, 一句之中徹見多生之果, 明明了了去住自由, 佛國天堂隨意寄託, 四恩普報三有俱資, 法界有情同圓種智, 請佛證明. 十方三世一切諸佛世尊菩薩摩訶薩摩訶般若波羅蜜.

輒申鄙俚以示初機, 仰冀高明重徵後學, 愧此詞繁理塞願祈剮冗疏通, 義背言乖誠望刪除訂正. 見聞隨喜皆登般若慈舟, 稱讚叱擇共證菩提彼岸.

참회법문과 보리행원

학인들은 매일 반드시 제불보살상 앞에 나아가 오체투지하고 손가락을 태우거나 향을 사루면서 허물을 밝히고 참회하라. 이 아래는 삼보(三寶)께 참회를 증명해 주실 것을 간청하는 내용이다. '아무개'라고 한 곳에는 자신의 이름을 부르는데, 대중이 함께 참예했을 때는 (선창하는 이가) 아무개 등이라는 '등' 자를 넣으면 된다. 호궤합장하고 이렇게 간청한다.

귀의 시방진허공계 미진찰토중 일체제불
歸依 十方盡虛空界 微塵刹土中 一切諸佛

귀의 시방진허공계 미진찰토중 일체존법
歸依 十方盡虛空界 微塵刹土中 一切尊法

귀의 시방진허공계 미진찰토중 일체현성승
歸依 十方盡虛空界 微塵刹土中 一切賢聖僧

원하옵나니 삼보께서는 자비를 저버리지 마시고 이곳에 강림하사 저희들의 참회를 증명하여 주옵소서.

'아무개'는 끝없는 옛적부터 오늘에 이르기까지 다생의 업장과 누세(累世)의 허물과 삼독 무명과 십악 번뇌로 지어온 극악한 죄업들이 무량무변하여 이루 말로 다 헤아릴 수조차 없나이다.

'아무개'가 오늘 마음과 생각을 깨끗이 씻어내고 삼가 시방제불과 제대보살과 대자비의 어버이로 신령스럽게 응감해 주시는 관세음보살 등 온갖 성인들 앞에 오체투지하며 허물을 낱낱이 드러내 참회하고 일념으로 귀의하오니 부디 항하사와 같은 죄업장이 낱낱이 소멸해지이다.

(이 위의 두 구절을 거듭 세 번 염한다.)

오직 원컨대 모든 부처님과 보살님들께서는 멀리 천안으로 살피시고 천이로 들으시며 타심으로 비추시사, 저희들이 질서 있는 수행 길과 마장 없는 도업에 나아갈 수 있도록 가피하옵소서.

반야 지혜가 하루 속히 밝아지고 보리심에서 결코 물러나지 않아 육근이 청정해지고 온갖 번뇌들이 다 소멸되게 하소서.

무위(無爲)의 일념으로 앉은 채 시방(十方)을 단절하고 높이 삼계(三界)를 뛰어나 해탈의 언덕에 도달하며 사생(四生)을 멀리 벗어나 하루 속히 보리의 언덕에 닿아지이다.

저희 등이 만일 이 생의 인연이 천박하여 도업을 이루지 못하거나 명이 짧아 덧없는 때가 이르더라도, 원합노니 반야에 오른 힘으로 정념(正念)이 앞에 나타나 부디 마음이 뒤바뀌지[顚倒] 않게 보살펴 주옵소서.

원하는 대로 제불국토에 왕생하여 불보살님들께 예배하고 친히 가르침을 받고는 바란 대로 수행에 전념하다 다시 사바세계에 돌아와 십선 장자(十善長者)의 집에 남자로 태어나되 또렷한 숙명을 잃지 않게 하여지이다.

부모님께서는 제가 출가하는 것에 애처로운 마음을 품지 않게 하시고 아이 때 입도하여 어린 나이로 무리 중에 뛰어나게 하시며, 일찍이 훌륭하신 스승을 만나 선을 참구하고 도를 배우며 교전(敎典)에 통달하고 이해하여 경전을 잘 해석하게 하소서. 오로지 상승(上乘)만을 연구하고 지극한 이치를 자세히 궁구하여 한마디에 누세(累世)의 인(因)을 밝히고 한 글귀에 다생의 과(果)를 사무쳐 보게 하소서.

밝고 분명하게 가고 옴에 자유로워 불국(佛國)이나 천당에 마음대로 의지하며 네 가지의 은혜를 널리 갚고 삼계의 중생들이 누구나 이익을 얻어 끝내는 법계의 유정들과 함께 종지(種智)를 원만하게 성취하여지이다. 이 같은 발원을 부처님께서 밝게 증명해 주심을 삼가 간청하나이다. 시방삼세 일체제불세존보살마하살 마하반야바라밀.

함부로 못난 글을 써서 초학들에게 보였으니 바라건대 고명한 분들께서는 거듭 후학을 거두어 주소서.

문장이 번거롭고 이치가 변변찮은 것을 부끄럽게 여기나 원컨대 뜻이 틀렸거나 말이 어긋난 부분이 있으면 빼거나 더하거나 바로 잡아서 보고 듣고 기뻐하는 이들이 모두 반야의 자주(慈舟)에 오르고 칭찬하거나 꾸짖는 이들도 다 함께 보리의 피안을 깨달아지이다.

憶昔出塵承兄警誡

　智徹, 自元統乙亥在俗受戒, 至庚辰五月出俗, 十二月初八日剃度爲僧, 請益師禮雲峰和尙,

　出俗日承次之兄黎十居士慇勤叮囑, 出家功德非小因緣, 入聖超凡續佛慧命, 此大丈夫事當自勉爲, 今捨父母離兄弟棄妻子抛家業, 是可忍也. 汝不聞古德云一子出家九族生天此語必實, 此語旣實見目前多少出家人者, 他行止所爲之事欲望九族生天必不可得也. 汝旣出家須當立志, 莫似常僧蹉跎趂意東奔西走貪名逐利, 莫爭人我辯論是非, 毋恃己能道他長短, 遭打則當忍受唾面則莫拭揩, 休恣縱睡眠莫貪求飮食, 世事多種不能枚擧, 離家出門最初一步擧足下足牢記話頭, 行住坐臥若離話頭則辜負國王土地所載飮食衣服臥具醫藥, 若離却話頭則辜負施主四事供給, 守此話頭生與同生死與同死, 發大志願直要了此一件大事因緣方不負汝出家參學之志, 所以經云四恩普報三有齊資, 何慮今生父母及九族而不報乎. 旣在途中苦多樂少或有所得或無所得當以話頭自重自保. 儻有箇入門安樂處是必轉身回敎眷屬. 智徹唯唯受敎出門數步, 居士復招手云一歸何處, 余回首合十遙禮拜謝默識而行, 銘刻心骨迨今不敢忘也. 叮囑世事警策

工夫, 節節次第井井有條, 語言瑣細具載則繁, 略記大槪書於卷末.

예전 출가할 때 형님께서 일러주신 경책의 말씀을 생각함.

지철(智徹)은 원통(元統) 을해년(乙亥: 1335년)에 재가신도로서 5계를 받았고 경진년(庚辰: 1340년) 5월에 출가하여 그 해 12월 8일 머리를 깎고 중이 되어 운봉(雲峰) 화상 전에 법을 묻는 스승(請益師)으로서의 예를 올렸다.

세속을 떠나 출가하던 날, 형님 여습(黎十) 거사께서는 다음과 같이 나에게 간곡히 당부하셨다.

"출가 공덕은 작은 인연이 아니니라. 범부를 뛰어나 성인(聖人)에 드는 것이요, 부처님의 혜명(慧命)을 이으려는 것이다. 이는 대장부라야 능히 할 수 있는 일이니, 반드시 스스로 힘써야 할지니라. 지금 부모 형제를 떠나고 처자와 가업을 모두 버리려 하니, 이것이 어찌 감히 아무나 할 수 있는 일이라 하겠느냐?

너도 들었겠지만 옛 어른이 이르시길 "한 아들이 출가하면 (그 공덕으로) 구족(九族)이 모두 하늘에 태어난다." 하셨는데 이 말씀은 틀림없는 사실이니라. 그러나 이 말씀이 사실인데도 불구하고 눈앞의 많은 출가자들을 보아라. 그들의 행동이나 하는 일들이 과연 구족이 하늘에 태어나기를 바랄 수 있겠느냐?

너는 기왕에 출가하였으면 반드시 뜻을 굳게 세워 다른 스님들처럼 마음내키는 대로 동분서주하거나 이름이나 이익을 좇는다든지, 나와 남을 다투면서 시비를 따지거나 나의 재능을 믿고 남의 장단점을 파헤치는 짓을 하지 말도록 하여라. 누가 때리더라도 참고 감수하고 얼굴에 침을 뱉더라도 닦으려 하지 말며, 쉴 때라고 마음껏 잠을 자거나 먹고 싶다고 맛있는 음식을 찾아다니는 못난 짓 등은 부디 하지 말거라.

세상일은 워낙 복잡해서 낱낱이 다 챙겨 둘 수 없으니, 집 떠나 문을 나서는 최초의 걸음부터 발을 들거나 놓거나 오로지 화두 하나만을 챙겨 기억하도록 해라. 행주좌와(行住坐臥)간에 만일 화두를 놓친다면 음식과 의복, 와구, 의약 등을 만들고 제공하는 국왕과 토지의 은혜를 저버리게 되고, 나아가 사사(四事)를 공급해 주는 시주의 은혜도 저버리게 되나니, 오로지 이 화두를 지켜 함께 살고 함께 죽을 각오를 하거라.

오로지 큰 뜻과 원을 발하여 이 한 일〔一大事因緣〕을 기어코 해결해 마쳐야만 비로소 네가 출가해 도를 배우려 한 의지를 저버리지 않게 되리라. 그래서 경전에 말씀하시기를 "네 가지 은혜를 널리 갚고 삼계 중생을 두루 이익되게 한다." 하셨으니, 어찌 금생의 부모님이나 구족의 은혜를 갚지 못할까 걱정하겠느냐?

기왕 길을 나서게 되면 고생은 많고 즐거운 일은 적을 것이다만, 소득이 있든 없든 반드시 화두 하나로써 자중자보(自重自保)해서 만약 도를 깨치고 일을 마치면 곧 반드시 돌아와 가족들에게도 가르쳐 주길 바라노라."

지철이 "예! 예!" 하며 가르침을 받고 문을 나서는데 거사께서 다시 손짓해 부르며 "하나는 어디로 돌아가는고?" 하셨다. 나는 머리를 돌려 두 손 모아 감사의 예배를 올리고 묵묵히 길을 떠났었다.

그 때의 가르침은 심골(心骨)에다 아로새겨 지금껏 감히 잊어 본 적이 없으니, 세상일을 깨우쳐 주시고 공부를 경책해 주시던 한 마디 한 마디의 말씀들이 참으로 자상하고 간절하셨기 때문이다. 자질구레한 그간의 말들을 다 적으려면 오히려 번잡스러울 것 같기도 하여 그 대략만을 적어 책 끝에다 붙여 둔다.

復懲懈惰止境息迷

　向上說這一落索, 乃是如來解制之日山房夜話之間, 由堂中遜機首座有傷學者之歎云, 近來時序遷移人心更變, 佛法凋零叢林荒廢, 善知識隱而不出, 現前四衆學般若者欲求皆正知正見人開示念佛參禪捷徑路頭是不可得也. 就與余曰, 何不將和尙往日所做工夫得力底境界節次及離俗之日令兄叮囑警策之語一一錄出以示初機, 見聞者必是重加精進是爲幸也. 余曰古來尊宿善知識警衆法語甚多猶尙信不能及, 余出家時晚行解荒蕪徒入空門於敎無補, 雖在法門中留心日久至理窮困處未有趣向, 自愧言輕德薄此事焉敢承爲. 首座復云, 此時學人有好多聞者, 有根性遲鈍者, 看前輩尊宿警策法語, 皆言往古善知識般若之力深根, 固帶縷入法門不用施工一聞千悟, 此事非吾輩淺機所爲, 我等今生且下些般若種子待於來世, 文敏見如是說者多矣, 可憐自生退屈, 若將和尙日前工夫微密處從頭擧似一徧, 使見聞者決定啓發信心, 必依如是用工如是精進如是究竟, 儻若後來四衆之中各人有大發明了生脫死, 恩莫大焉. 然雖首座爲學者心切之謂, 余信未敢領荷, 至第二日粥罷, 上方丈古道和尙處問訊, 和尙與余十有七年道舊, 因話間提遜機首座所說之事. 和尙亦云佛法正在顚危之際, 此事當爲使初入道者學有準繩, 余應之曰, 自救不了焉能爲人, 敎有明文自不精進欲勸人精進無有是處. 和尙又云敎中亦說自未得度先度人者菩薩發心. 又先儒云危而不持顚而不扶坐觀勝敗安可忍也. 余辭不獲已, 轉身回至山房疏通六戶掀露頂門, 散誕逍遙無拘無絆, 掣斷心猿羈鎖敲開意馬闌關, 任從來去無妨自是一般快活, 於此不耐安閒遂將昔日行履陣爛葛藤一提提起, 且與學人蓺亂 一場, 正眼傍觀却是平地起風波, 把學人手脚打敎七橫八竪無安措處, 到此不免與他整新安頓, 諦當處更敎諦當去也. 且道卽今諦當事作麽生, 分付學人惺惺着諦當事直下來也. 各各努力承當記取, 記取萬法歸一一歸何處, 自此從朝至暮從暮至朝, 上牀下地出門入戶, 動靜閑忙須要話頭綿密疑而無間, 出聲不出聲隨意方便. 若至禮佛處放下話頭, 至誠發願懺悔. 願終至波羅蜜處, 隨擧話頭相接. 或於諷經處卷終至波羅蜜處如前一般. 事務細繁, 自宜點檢. 又與學人謂參禪中境界事非一種筆舌難盡, 略而言之, 若論境緣起處皆出心之所生, 心若不生境從何有. 故經云一切業障海皆從妄想生, 又云凡所有相皆是虛妄, 又云一切境界終不可取, 多見學人聞說境界是有心中歡悅, 若說境界虛妄不實便生煩惱. 此下重明境界二字皆從昏沈散亂而起, 昏沈者因懶惰心有, 散亂者因恣縱心生, 懶惰心是昏沈之本, 恣縱心是散亂之根, 所以昏沈則境異, 散亂則體殊, 皆隨妄想之心頃刻百變, 心若不起爭如之何. 學人若有此二種心生, 卽從坐起抖擻精神使身心舒暢, 隨擧話頭大起疑情, 此念應時消散. 或有不信此說, 反引楞嚴經中五十種魔以爲實有, 豈不聞世尊爲阿難言此五十種魔皆是色受想行識五妄想成客塵所覆, 主人若迷客得其便, 向下文長且止, 到這裏坐斷凡聖路頭與學人掃蹤滅迹去也. 且道那箇是主, 萬法歸一一歸何處是. 那箇是客, 汝暫擧心塵勞先起是. 至此心無二用究竟非一. 或有參無字者, 或有參本來面目者, 或有參究念佛者, 公案雖異疑究是同, 故經云歸元性無二方便有多門. 於此學人各將本參話頭自重自保勇猛挨拶將去, 至拶不入處驀地和身透過, 直向那邊高峰頂上盤結草庵呵佛罵祖, 若到這般田地裏, 把佛境界作魔境界說亦得把魔境界作佛境界說亦得, 所以道逆行順化鬼神莫能測其機, 其或未然切忌切忌, 欲得不招無間業莫謗如來正法輪, 學人千萬仔細. 若工夫上稍有入處, 會得箇昭昭靈靈常現在前, 觸之不散蕩之不失, 又且不可認着. 你若認着這箇識神弄影者以為諦當事反被他引入情識見中我慢心高不復前進便即開大口說大話妄談般若, 便道佛也只恁麼祖也只恁麼, 又引經中是法平等一印印定, 又云大悟不拘小節, 此處無戒可持無戒可破, 以此為大乘境界, 不覺不知墮入魔家眷屬自誤誤人豈不傷心者哉. 經云如是之人縱有多智禪定必落魔道, 上品魔王中品魔民下品魔女, 學人切忌不可以少為足, 慎之慎之. 後學四衆若有發明者請看高峰老和尚禪要中有雪巖和尚三處問老和尚作得主麼, 至第三問處更宜仔細推窮, 此處若過不得按下雲頭將老和尚疑處衆亦如是疑. 工夫到此須要保守, 所以云隨緣消舊業更莫造新殃, 儻若陽和再復萬類俱生恩有咸資功不浪施矣. 已上所說工夫地位中事, 竊取經教語錄中緊要處證據. 學人, 此事本非我有, 余單只參得箇手母禪, 便敢與同道者把手共行究取出身活路, 稍有不相應處必不放過. 故子貢問友子曰忠告而善道之. 余與眞正道友分上不惜口業, 逼令向前更無容緩. 若信心輕者, 實是難為共處, 又要評論前輩老和尚有不到處伐樹尋根, 何故, 父無諍子家道見衰. 故余為俗為僧多抱不平之氣, 每見人說處做處不合道理處, 直要與他分析, 到底討箇明白, 方愜下懷. 至於自己分上, 工夫落魄未全道力, 不覺光陰倏忽老患相催方自著忙, 去日又近矣. 噫. 但願同道者人人慕道箇箇窮玄, 發明本地風光誓作他生之友.

다시 게으름을 꾸짖고 경계와 미혹을 그쳐 쉬게 함

　지금까지 위에서 말해 온 것들은 지난 안거를 해제하던 날 도반들이 산방에 모여 밤 이야기를 나누던 중, 그 자리에 함께 있던 둔기(遯機) 수좌가 "요즘은 시대가 바뀜에 따라 인심도 많이 변했습니다. 불법도 시들어지고 총림도 황폐해져 선지식들은 숨어서 도무지 나타나지 않습니다. 당장 반야를 배우는 대중들이 올바른 지견을 구하고 싶어도 누구 하나 염불이나 참선의 첩경을 일러주는 이가 있어야지요." 하며 요즈음 학인들의 탄식거리를 걱정한 데서 비롯된 것이다.

　그가 다시 나를 돌아보며 이렇게 말했다.

　"어째서 스님께서는 지난 날 애써 공부하시던 절차와 힘을 얻게 된 경위와 아울러 출가할 때 형님께서 간절히 일러주시던 경책의 말씀들을 낱낱이 적어 초심학인들이 널리 볼 수 있게 해주지 않으십니까? 보고 들으면 반드시 더욱 정진할 마음들이 일 것이니 얼마나 다행스럽겠습니까?"

　나는 이렇게 거절했다.

　"예전의 존숙이나 선지식들께서 대중을 경책한 법어들도 수없이 많습니다만 오히려 믿음이 미치지 못하고 있습니다. 하물며 나는 늦깎이로 출가하여 아는 것이나 수행이 말할 수 없이 거칠고 한갓 공문(空門)에 들어오기만 했지 가르침엔 아무런 도움이 되질 못합니다. 비록 정법에 마음을 둔 지가 오래는 되었지만 아직 구경의 이치에는 나아가지 못했습니다. 내 스스로 말이 경박하고 덕도 부족함을 부끄러이 여기고 있는 터에 어찌 감히 이런 일을 나서서 할 수 있겠습니까?"

그러나 수좌는 거듭 청하기를, "요즘 학인들은 대개 많이 듣기를 좋아하고 또 근성이 더디고 둔한 이들입니다. 그런데 선배 존숙들의 경책이나 법어들을 보면 거의 '옛날 선지식은 뿌리 깊고 열매 단단한 반야의 힘으로 이 법에 들어오자마자 별로 애쓸 것도 없이 하나를 들으면 천 가지를 깨달았다.'는 식의 이야기들뿐이라 이런 일은 우리들 같은 얕은 근기로서는 감당하기 어렵습니다. 그저 우리들로서는 우선 금생에 이런 반야의 종자나 뿌려두고 내세를 기약할 수밖에 없겠지요. 재간 있는 이들이 이와 같은 법문을 많이 보지만 안타깝게도 대개는 결국 스스로 퇴굴(退屈)해 버리고 맙니다. 만일 스님께서 지난 날 남모르게 애써 공부해 오시던 과정들을 처음부터 한 번만이라도 들려 주신다면, 이를 보고 듣는 이들이 반드시 크나큰 신심을 개발할 수 있을 것입니다. 반드시 그 말씀에 의지해 공부하고 정진하며 깨달을 수 있을 것입니다. 만일 후배 사중들이 제각기 큰 발명이 있어 생사를 벗어난다면 그 은혜를 무엇에 비길 수 있겠습니까?" 하였다.

그러나 수좌가 비록 학인들을 위하는 간절한 마음에서 이처럼 부탁을 하는 것이겠지만 나의 믿음으로는 감히 따르기가 어려웠다.

다음날 아침 공양을 마치고 방장인 고도 화상의 처소에 문안을 여쭈러 올라갔다. 화상은 나와 17년이나 함께 지낸 도반이시다. 이런저런 이야기를 나누다 둔기 수좌가 말한 일을 꺼내게 되었다. 이야기를 들으시던 화상도 역시 "불법이 이젠 정말 위태한 지경에 이르렀습니다. 그러나 어제 스님들이 나누시던 그 일은 반드시 처음 입도한 사람들에게는 좋은 본보기가 될 것입니다."고 하였다.

나는 다시 "저 자신도 아직 구제하지 못했는데 어찌 다른 사람을 위할 수 있겠습니까? 경에서도 '자신은 정진하지 않은 채 남에게 정진하기를 권하는 것은 있을 수 없는 일'이라고 밝게 나와 있질 않습니까?" 하고 거절하였다.

그러자 화상은 "경에 이렇게도 말씀하셨습니다. '자신이 미처 깨닫지 못해도 남을 먼저 깨닫게 하는 것이 보살의 마음'이라고요. 또 옛날 어느 선비는 '위태한 것을 보고도 붙들어 주지 않고 넘어지려는 것을 보고도 부축해 주지 않은 채 가만히 앉아서 결과만 살피는 짓을 어찌 차마 할 수 있겠는가?'라고 했습니다."

나는 더 이상 사양치 못하고 그만 일어나 산방으로 돌아왔다.

육근(六戶-六根門頭)을 활짝 열고 이마를 바로 세워 내 멋대로 거닐으니 아무런 걸림도 구속될 것도 없었다. 심원(心猿)의 굴레를 바짝 당겨 끊어버리고 의마(意馬)의 막힌 빗장을 활짝 열어 가든오든 제 맘대로 맡겨도 아무런 걸림이 없어 그저 한결같이 즐거울 뿐이다.

이제야 이 평안하고 한가로움을 주체할 수 없어 마침내 예전의 걸어온 삶을 있는 그대로 돌이켜 한 번 드러내 보였다. 그러나 공연히 학인들을 한바탕 어지럽혀 놓지나 않았을지, 바른 눈을 가진 분이 있다면 도리어 평지에 풍파를 일으킨 격이 되고 말 것이다. 아무래도 학인들의 사지를 마구 뒤흔들어 놓은 것 같아서 모두들 갈팡질팡하지나 않을지 모르겠다. 여기에 이르러서는 그들에게 온 몸을 새롭게 정돈하도록 해 준다는 것이, 당연한 곳을 다시 당연하게 해 주려는 짓임을 면할 수 없다.

말해 보라! 지금 이 '당연함'을 어떻게 학인들에게 나누어 줄

까? 정신 바짝 차려라! 당연함이 바로 그 곳에 있으니.

각각 노력하여 반드시 밝게 기억할 것이니, 곧 '만법귀일 일귀하처'를 분명히 놓치지 말되, 지금부터 아침저녁 온 종일 앉거나 서거나 들거나 나거나 바쁘거나 한가하거나 어느 때를 불문하고 오로지 화두 하나만을 틈 없이 들어 의심해 가라. 소리를 내든 내지 않든 방편 따라 상관할 것 없다.

만일 불전에 예불할 때는 잠시 화두를 놓고 지극한 마음으로 발원하고 참회하여 발원이 끝나 회향하는 '바라밀'에 이르면 이내 화두를 챙겨 서로 이어지게 할 것이며, 혹 경전을 읽을 때도 끝나는 '바라밀'에서 앞과 마찬가지로 할 것이다. 나아가 세세한 잡무를 볼 때 등은 그때그때 스스로 알아서 점검토록 하라.

학인들과 참선하는 도중에 일어나는 경계에 대해 이야기해 보노라면 한두 가지가 아니어서 필설로 다 하기 어렵지만, 그러나 그 모든 경계가 일어나는 곳[緣起處]을 한마디로 요약해 살펴본다면 모두가 마음이 일어난 곳에서부터 나온 것임을 알 수가 있다. 마음이 만일 일어나지 않는다면 경계가 따로 어디로부터 생길 수 있겠는가? 그래서 경전에서도 "온갖 업장의 바다여! 모두가 망상에서부터 생기네." 하였고 또 "무릇 어떤 모양이건 생겨나 있는 것은 모두가 허망한 것이다." 했으며, 또 "마침내 실제 취할 수 있는 경계란 없다."고 하였다. 그런데도 더러 보면 학인들은 경계가 있다는 말을 들으면 마음속으로 은근히 기뻐하나 경계란 허망하여 진실한 것이 아니라는 말을 하면 금방 언짢은 기색을 보이곤 한다.

그래서 이 아래에서는 경계라는 것의 정체가 대개 혼침이나 산란으로부터 생겨 일어나는 것임을 밝혀 보이겠다.

'혼침'이란 게으름으로부터 생기고 '산란'이란 느슨한 마음으로부터 생긴다. 게으름은 혼침의 근본이고, 방종은 산란의 근본이 되는 것이다. 그래서 혼침에 빠지면 경계가 달라지고 마음이 어지러우면 바탕이 변한다. **그러나 이 모두는 오로지 망상의 마음을 따라 경각에 온갖 형태로 변하는 것이니, 마음이 만일 일어나지 않는다면 제가 어쩔 수 있겠는가?**

공부하는 이가 도중에 만일 이 두 가지의 마음이 일어날 때는 바로 자리에서 일어나 정신을 바짝 차리고 몸과 마음을 경쾌하게 한 뒤에 다시 화두를 들어 크게 의심을 일으켜 보라. 그렇게 하면 망상이나 혼침 따위는 곧 사라져 버릴 것이다.

이 말이 믿어지지 않는다면 『능엄경』의 50종 마(魔)에 대한 말씀을 살펴보기 바란다. 듣지 못했는가? 세존께서 아난에게 말씀하시기를 "이 50종의 마는 곧 색·수·상·행·식의 다섯 가지 망상이 객진번뇌(客塵煩惱)에 덮여 이루어진 것이라. 주인이 미혹하면 객이 그 틈을 얻게 되는 것이다." 하셨다. 계속되는 경전의 문장은 너무 길어 여기서는 필요한 대목만 간략히 인용하였다.

자, 이제 범부니 성인이라는 온갖 분별을 끊어버리고 학인들에게 아예 그 자취조차 쓸어 없애버리도록 해 주겠다.

말해 보라! 어떤 것이 주인인가? '만법귀일 일귀하처'니라.

어떤 것이 객인가? 그대들이 잠시라도 마음의 틈을 두면 티끌 같은 번뇌가 따라 일어날 것이니 그것이 바로 객이다. 여기는 결코 마음에 두 가지 작용이 없으나 구경에 가서는 하나도 아닌 것이다.

어떤 이는 '무(無)'자를 참구하는 이도 있고 혹은 본래면목(本來面目)을 참구하는 이도 있으며, 또는 염불(念佛)을 참구하는 이도 있어 이렇게 공안은 비록 다르나 의심하여 궁구하는 것은 다 같다. 그래서 경에서도 "근원에 돌아가면 성품이 둘이 없으나 방편으로는 많은 문이 있다."고 하신 것이다. 이제 학인들은 다만 각기 본참화두를 가지고 자중자보(自重自保)하며 용맹스럽게 밀고 나아가라. 가다가다 도저히 더 나아갈 수 없는 곳에까지 이르다 보면 한 순간에 온 몸뚱이 통째로 뚫고 들어갈 때가 있을 것이니, 그 때라야 곧바로 저 쪽의 고봉정상(高峰頂上)에다 초암을 짓고 부처를 꾸짖고 조사를 나무랄 수 있을 것이다.

이런 경지에서는 부처를 가지고 마군이라 해도 상관없고 마군을 부처라 해도 상관없다. 그래서 역행(逆行)과 순화(順化)를 귀신도 그 기미를 헤아릴 수 없다고 한 것이다.

그러나 혹 그렇지 못하다면 부디 부디 조심하라. "무간지옥의 업을 초래치 않으려면 여래의 정법을 비방하지 말라." 하였으니 학인들은 천번만번 자세히 살펴야 되리라.

설사 공부가 점점 진보되어 밝은 경계가 뚜렷해지고 부딪쳐도 흩어지지 않으며 내려놓아도 잊혀지지 않는 경계를 얻었다 하더라도 부디 거기에 집착하지 말라. 만일 이러한 식신(識神)이 그림자를 놀리는 것에 집착하여 확실한 것이라고 생각한다면 도리어 저 정식견해(情識見解)를 끌어들임을 입어 아만심만 높아질 뿐, 다시는 앞으로 나아가지 못하고 말기 때문이다.

이런 이들은 드디어 입을 벌려 큰 소리로 함부로 반야를 지껄이며 '부처도 이렇고 조사도 이렇다'는 둥 망발을 일삼을 것이며, "이 법은 평등하다."는 경전의 말씀을 끌어와 마음대로 인증하려 들 것이다.

또 '큰 깨침은 자잘한 절차 따위 구애받지 않는데 이곳에 무슨 가질 계가 있고 파할 계가 따로 있겠는가?'라며 이것으로 대승의 경계라고 우기면서 자신도 모르는 사이에 마가(魔家)의 권속에 빠져 자기는 물론 이웃들까지도 다 함께 그르치고 말 것이니 이 어찌 기막힌 일이 아니겠는가?

경에 이르기를 "이와 같은 사람은 비록 많은 지혜와 선정을 익혔다 하더라도 반드시 마도(魔道)에 떨어지고 만다." 하였으니, 상품은 마왕이요, 중품은 마의 백성이며, 하품은 마의 여자이다. 학인들은 부디 조심하여 결코 작은 것으로 만족하게 여기지 말지니, 신중하고 또 신중해야 할 것이다.

후배 학인들 가운데서 만일 발명한 이가 있으면 고봉(高峰) 노화상의 『선요(禪要)』 중에 설암(雪巖) 화상이 세 번에 걸쳐 노화상에게 "주재할 수 있는가?"를 물은 곳이 있는데 그 세 번째 질문한 곳을 반드시 자세히 추궁해 보라. 이곳을 만일 꿰뚫어 지나가지 못했으면 들뜬 생각을 내리누르고 이 노화상이 의심했던 곳을 그대들도 역시 그처럼 의심해 가야 한다.

공부가 이러한 경계에 이르렀다면 반드시 잘 지키고 보전할 것이니, 그래서 이르기를 "인연 따라 묵은 업장을 씻을 뿐, 다시 새로운 재앙거리를 장만치 말라." 한 것이다. 화창한 봄기운이 다시 돌아오면 만류가 다 소생하여 은혜를 입은 자가 모두 이익을 얻듯, 그 공이 결코 헛되지 않을 것이다.

지금까지 공부의 지위(地位)에 관하여 한 말들은 모두 경교(經敎)나 어록(語錄) 중에서 긴요하다 싶은 곳을 가져다가 학인들에게 증명해 보이려 한 것일 뿐, 이런 일은 결코 나의 차지가 아니다. 나는 그저 한낱 수모선(水母禪)이나 참구하는 자로서 감히 동도자(同道者)와 손을 맞잡고 함께 가면서 같이 출신(出身)할 활로를 찾아보려 한 것인데 조금이라도 옳지 않은 곳이 있다면 절대 그냥 지나치지 말 것이다.

자공이 벗에 대해 물음에 공자가 대답하기를 "충고하여 좋은 길로 이끌어 주어야 한다."고 하였거니와 부디 나를 진정한 도반의 처지에서 구업을 아끼지 말고 꾸짖어 앞으로 나아가게 해 주길 바라며, 느슨하게 용납하는 일이 없었으면 한다. 만일 신심이 미약한 이라면 실로 한 곳에 함께 살기가 어려운 것이다.

또한 선배 노화상이라도 부족한 곳이 있으면 과감히 평론하여 나무를 잘라 내고서라도 뿌리를 찾도록 해 드려야 할 것이니, 왜냐하면 부모에게 간하는 아들이 없으면 가도(家道)가 쇠약해지기 때문이다.

그래서 나는 속인이나 스님들을 위한답시고 불평한 기운을 많이도 안겨 드렸다. 사람들의 말이나 행동이 도리에 맞지 않는다고 생각되면 곧바로 그들과 함께 분석하여 명백해질 때까지 토론하고 나서야 바야흐로 마음을 놓곤 하였다.

그러나 나의 분상에서는 아직 공부도 부족하고 도력이 완전하지도 못한데, 어느새 세월이 닥쳐 늙고 병듦이 서로 재촉하고서야 이제야 갈팡질팡하니 갈 날이 또한 멀지 않은 것이다.

아, 다만 원하는 것은 함께 배우는 도반들이 누구나 도를 사모하고 현지(玄旨)를 궁구해 끝내 본지풍광(本地風光)을 밝혀서 맹세코 후생에까지 좋은 벗이 되어 주기를 간곡히 바랄 뿐이다.

祖師禮懺兼發願

牟尼拈花를 迦葉破顏하사 印度傳燈之四七歲하시고 達磨面壁에 神光斷臂하야 支那續焰者二三家라 洎九峰이 列派於桑丘하고 抑五葉이 連芳於松嶠하야 祖脈이 從玆而繼繼하고 宗途-自爾以綿綿이라 凡其入此門庭이 孰不承他恩力이릿가

伏念弟子-假名練若하고 濫跡浮圖나 器淺根微하야 雖未到禪河之窮底로대 願弘志遠하야 恒不忘祖室之扶顚일새 謂殫卑懇以歸依나 可獲冥熏之加被일까하야 玆展懺磨之席하고 略陳供養之儀하노이다

伏願컨대 列聖이 同加하시고 百靈이 共衛하사 色身이 常穩하야 竟無二氣之乘하고 法臘이 遐延하야 終與兩儀而幷케하소서

次願컨대 弟子-滌去多生之罪垢하고 蠲除歷劫之障塵하야 自從現在之時로 窮盡未來之際케 信根이 轉固하야 生生에 常踐於斯門하고 鏡智-頓明하야 在在-廣宣於此法케하소서 或劍樹刀山之上과 或火坑湯鑊之中이라도 苟有利於含生이면 終不辭於殞命하야 必待衆生之界盡코사 方期正覺之果圓호리이다

舜若多性兮여 可有消亡이언정 爍迦羅心兮여 決無動轉이니 普願四生九類-同成十方三身하야지이다

-圓鑑國師文集中

조사 예참 겸 발원문

　부처님께서 꽃을 드시고 가섭 존자가 미소하심에 인도에서는 28대로 등불을 전하셨고 달마 대사가 면벽하시고 신광(神光-慧可)이 팔을 자름에 중국에서는 불빛을 이은 분이 여섯 분이셨습니다.
　구산(九山)의 선문(禪門)이 이 땅에 벌려짐으로 다섯 꽃잎(송광사의 보조 스님이후 6세 원감 국사의 앞까지 다섯 분의 국사)이 연이어 이 수선사(松嶠-松廣寺의 修禪社)에서 활짝 피어 날 수 있었습니다. 조맥(祖脈)이 이로 쫓아 이어졌고 종도(宗途)가 이로부터 면면하니 이 문안에 들어 온 이가 누군들 그 은혜와 가피를 입지 않았겠습니까?
　엎드려 생각컨대 제자는 이름을 난야(蘭若)에 걸고 자취를 부도(浮屠)에 비롯하였으나 그릇이 얕고 근기가 미약하여 비록 선하(禪河)의 밑바닥까지는 이르지 못했습니다만 서원(誓願)은 크고 뜻은 원대(遠大)하여 언제나 조실(祖室)의 붙들어 주신 은혜 잊을 수 없습니다. 정성 다해 귀의하면 가만히 가피하심을 입을 수 있다 하셨으니, 이에 참회하는 자리를 펴고 간단히 공양의 의식을 베푸옵니다.
　엎드려 원하옵나니, 여러 성현들께서 함께 가피하시고 온갖 선신들이 같이 호위하사 색신이 항상 평안하여 끝내 이기(二氣-陰陽)의 이그러짐이 없게 하시고 법랍(法臘)이 멀리 이어져 마침내 양의(兩儀-天地)와 같아지게 하옵소서.
　다음으로 원하옴은 제자가 다생에 지었던 죄업의 때가 깨끗이 씻어지고 누겁(累劫)에 걸친 티끌 같은 업장이 훌훌 털어 지이다.

오늘부터 미래제가 다할 때까지 믿음의 뿌리가 더욱 굳세어 날 적마다 언제나 이 문을 밟고 거울 같은 지혜가 환하여 간 곳마다 널리 이 법을 펴게 하옵소서.

혹 검수도산이거나 뜨거운 불, 끓는 물 속일지라도 오직 중생을 이롭게 할 수만 있다면 이 목숨을 아끼지 않아 반드시 중생계가 다하기를 기다려 바야흐로 정각(正覺)의 열매가 원만키를 기약하오리다.

허공의 성품이 소멸해 없어질지언정 금강과 같은 이 마음은 결코 변할 수 없나니, 널리 사생 구류가 다함께 시방(十方) 삼신(三身)을 이루어 지이다.

- 원감 국사 문집 중

선가귀감

언해본 • 한문교재본

2005년 5월 1일 초판 1쇄 발행
2024년 7월 12일 초판 14쇄 발행

청허당 휴정 지음 • 일장 역
발행인 박상근(至弘) • 편집인 류지호 • 편집이사 양동민
편집 김재호, 양민호, 김소영, 최호승, 하다해, 정유리 • 디자인 쿠담디자인
제작 김명환 • 마케팅 김대현, 김선주, 이선호 • 관리 윤정안
콘텐츠국 유권준, 정승채, 김희준
펴낸 곳 불광출판사 (03169) 서울시 종로구 사직로10길 17 인왕빌딩 301호
　　　　대표전화 02) 420-3200 편집부 02) 420-3300 팩시밀리 02) 420-3400
　　　　출판등록 제300-2009-130호(1979. 10. 10.)

ISBN 89-7479-161-7 (03220)

값 16,500원

잘못된 책은 구입하신 서점에서 바꾸어 드립니다.
독자의 의견을 기다립니다. www.bulkwang.co.kr
불광출판사는 (주)불광미디어의 단행본 브랜드입니다.